중국학 入門

中國學 입문

조수성, 이지용, 윤성환, 유정원 공저

신아사

책을 시작하며

중국은 우리나라와 매우 밀접한 국가이다. 역사적으로도 그랬고 지금도 그러하다. 한중관계가 소원하던 시절에도, 다양한 방면에서 교류관계가 확대되던 시절에도 그러했다. 앞으로도 중국은 우리가 가장 깊게 혹은 가장 폭넓게 이해해야 하는 국가일 것이다. 한국과 중국은 육상의 길도, 바닷길도, 하늘 길도 연결되어 있어 중국의 변화는 긍정적으로든 부정적으로든 한국에 직간접적으로 영향을 미친다. 특히 중국이 세계 최강국이 되겠다는 새로운 목표를 공식화한 현재, 한국의 젊은 세대가 중국을 이해해야만 하는 당위성은 더욱 커지고 있다. 한국은 세계 최강국이 되겠다는 목표를 가진 국가와 지리적으로 가장 가까운 곳에 위치한 인접국가 중 하나이다.

이러한 국제 역학 관계의 변화에 대해 지나치게 배타적인 자세를 취할 필요는 없다. 중국의 부상은 단순한 위협이라기보다는 새로운 도약을 위한 기회이기도 하다. 그러나 그 기회는 아무 노력 없이 그저 주어지는 것은 아니다. 오히려 무에서 유를 창조하듯 발굴하고 창조해야 한다. 그러한 기회를 찾기 위해서라도 21세기를 살아하는 한국의 젊은이는 현재 중국을 정확하게 이해하고 중국에서 나타나는 여러 가지 현상들을 올바르게 분석할 수 있는 혜안을 길러야만 한다.

이 책은 중국을 연구하고 오랫동안 교육현장에서 중국학을 강의해온 중국학전공 교수들의 경험이 응집된 결과이다. 제2장 중국 현대정치는 조수성 교수가, 제3장 중국 국제관계는 이지용 교수가 제4장 중국 현대경제는 윤성환 교수가 제1장 중국학의 이해와 제5장 중국 현대사회는 유정원 교수가 집필하였다. 이 책을 통해 독자들이 과거에서 현재로 중국이라는 국가가 진화해온 역사적 과정을 이해하고 미래 중국의 변화 양상을 그려볼 수 있기를 희망한다. 세간에는 중국을 이해하기 위한 다양한 접근 방식이 존재한다. 우리는 이 책을 통해 중국을 이해하는 보다 더 쉽고 흥미로운 길을 제시하고자 하였다.

중국에 호기심을 가지고 있거나 중국학을 전공하고자 하는 학생에게 부디 이 책이 도움이 될 수 있기를 바래본다.

저자 일동

목 차

제1장
중국학의 이해

중국학은 어떤 학문일까? 이제 한국의 대학에서도 중국학을 교육하고 연구하는 학과를 쉽게 발견할 수 있게 되었음에도 중국학이 무엇을, 어떻게 연구하는 학문인지에 대해서 정확하게 알고 있는 사람이 실제로 그다지 많지 않은 것 같다. 대학입시를 준비하는 고등학생이나 중국학과에 갓 입학한 신입생을 보면 중국학을 중어중문학과 명확하게 구분하지 못하기도 하고, 다른 사회과학 학문들, 예를 들면 정치학이나 경제학, 사회학에서 중국을 대상으로 연구하는 것과 어떤 차이가 있는지를 정확하게 이해하지 못하기도 한다. 현행 학술연구 분야 분류에 따르면 중국학은 사회과학 분과인 지역학의 세부분야에 속해있다. 중국학은 모든 지역은 특수하다는 전제하에 그 특수성을 종합적으로 탐색하는 학문이다. 동일한 사회현상이라도 지역에 따라 발생 원인과 경과가 다르기 때문에 지역에 대한 정보를 취득하고 이를 통찰력있게 분석하기 위한 훈련이 필요하다. 특히 국내가 아닌 해외 지역의 경우에는 선입관과 편견이 작용하기 쉽기 때문에 관찰과 분석에 객관적인 태도가 더욱 요구된다. 따라서 국내가 아닌 해외 지역의 연구는 해외지역학, 국제지역학이라고 별도로 칭하기도 한다. 그러므로 중국학은 사회과학적 방식으로 중국이라는 지역을 탐구하는 학문이라고 간단하게 설명할 수 있을 것이다. 그렇다면 중국이라는 나라는 어떤 나라이며 중국을 사회과학적으로 탐구한다는 것은 어떤 방식을 의미하는 것일까?

1. 중국(中國)이라는 나라

중국에 대해 공부하면 할수록 중국이라는 나라를 한두 가지 형용사로 규정하기가 어렵다는 생각이 든다. 사람들에게 중국하면 떠오르는 형용사를 제시해보라고 하면 다양한 수사들이 등장하고는 한다. 그 중에서도 "크다", "많다", "빠르다"는 가장 자주 등장하는 형용사이다. 한국인에게 중국은 국토면적이 크고, 인구가 많으며, 경제성장이 빠른 나라라는 이미지가 강하다. 그러나 실제로 이야기를 자세히 들어보면 중국이 얼마나 큰 나라인지, 중국의 인구는 얼마나 많은 것인지, 경제성장은 도대체 얼마나 빠른 것인지를 정확하게 알고 있는 사람은 드문 것 같다.

중국의 총면적은 약 960만㎢이다. 중국의 영토면적은 전 세계 육지면적의 1/15, 아시아 면적의 1/4라고 한다. 중국은 영토면적이 러시아와 캐나다에 이어 세계 3위라고 주장하고 있으나 이 부분에 대해 적지 않은 논쟁이 있다. 영토 분쟁 지역을 모두 포함할 경우 중국의 면적은 세계 3위이지만 그렇지 않을 경우 중국 영토는 미국에 이어 세계 4위가 된다. 그런 까닭에 중국에서 나오는 자료는 중국을 세계 3위로, 미국에서 나오는 자료는 미국을 세계 3위로 보고 있다. 세계 3위이든, 4위이든 한반도 입장에서 중국은 여전히 큰 국가이다. 중국은 영토 면적이 약 22만 ㎢인 한반도의 44배이며, 한국의 96배이다.

중국은 넓은 영토에 걸맞게 총 22,800km에 다다르는 긴 국경선을 가지고 있다. 동쪽으로 북한, 북쪽으로 몽골, 동북쪽으로는 러시아, 서북쪽으로는 중앙아시아 3개국(카자흐스탄, 키르기스스탄, 타지키스탄),

서쪽과 서남쪽으로 아프가니스탄, 파키스탄, 인도, 네팔, 부탄, 남쪽으로는 미얀마, 라오스, 베트남 등 14개 국가와 국경선을 접하고 있다. 국경선이 긴 만큼 인접국가와 국토분쟁 등 여러 가지 갈등요소를 안고 있는 실정이다.

또한 중국 영토의 자연·지리적 특성 또한 매우 다양하다. 중국의 동단과 서단의 경도 차이는 61°이며 약 4시간의 시차가 발생하나 현재 중국은 베이징 표준시를 사용하여 중국 전역이 동일한 시간대에 속하다. 위도는 북단에서 남단까지 약 49°의 차이가 발생하나 중국 영토의 98%가 20°~30°에 위치해 있다. 지리적 위치 뿐만 아니라 지형도 매우 다양한 편이다. 중국은 산지가 33%, 고원이 26%, 분지가 19%, 평원이 12%, 구릉이 10%로 매우 복잡한 지형 구조를 가지고 있으나 전반적으로는 서고동저(西高東低)의 계단식 지형의 특징이 두드러진다. 인구에 비해 가용할 수 있는 토지가 많지 않기 때문에 국토의 효율적 이용이 절대적으로 필요하다. 또한 광활한 지역의 중국에서는 매우 다양한 기후적 특징이 나타나고 있다. 사계절이 분명한 기후대와 열대기후 및 북부의 대륙성 냉대기후까지 모두 나타나고 있다.

중국의 사회지리

흔히들 중국에 대한 가장 잘못된 편견 중에 하나가 광활한 중국의 영토가 단일한 지리적 특성을 보이고 있다고 생각하는 점이다. 그러나 실제 중국의 지리는 매우 다양하다. 따라서 어떤 지역은 인구가 거주하기에 유리하기도 하고 어떤 지역은 인구가 거주하기에 적합하지 않다. 또 어떤 지역은 물자가 풍부하고 어떤 지역은 물자가 부족하여 생활에 불편함이 많다. 이러한 환경적 조건에 따라 중국의 영토는 인구밀도가 높은 지역과 그렇지 않은 지역이 확연하게 구분된다. 일반적으로 동부는 인구밀도가 높고 중서부는 인구밀도가 낮은 것으로 알려져 있는데 이를 학문적으로 정리한 사람이 바로 중국의 지리학자인 후환용(胡焕庸, 1901-1998)이다.

후한용선은 인구지리학자였던 후환용이 헤이룽지앙 아이휘(愛輝)와 윈난성 텅충(騰衝)을 하나의 선으로 연결한 것으로 중국의 지리적 특성에 따라 인구밀도가 어떠한 대비를 보이는지를 선명하게 드러낸다. 후한용선을 기준으로 영토의 35%를 차지하는 동남지역에 중국인구의 96%가 거주한다. 이 지역은 주로 평원이 많고 강수량이 풍부하여 농경에 적합하다. 후한용선을 기준으로 서북지역은 인구가 매우 희박하다. 주로 초원과 사막, 고원이 많아 이 지역은 주로 유목문화가 발전하였다.

이처럼 후한용선을 기준으로 농경문화와 유목문화라는 현격하게 다른 문화가 중국에는 공존하고 있다.

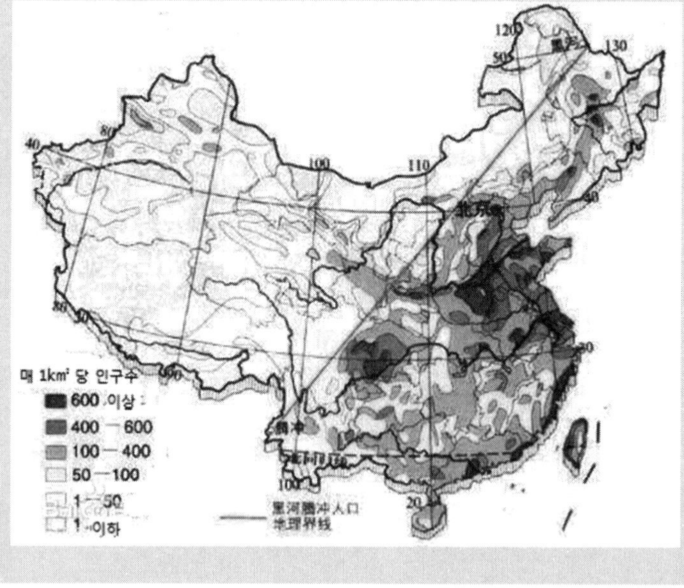

특정 지역의 지형과 기후를 포함한 지리적 입지조건은 현지인들의 생활습관 및 방식, 문화에 절대적인 영향을 미치는 중요 요소이다. 따라서 중국에서는 지역의 특징을 반영하는 독특한 지역문화가 자생하게 되었고 중국의 문화자원을 풍부하게 하고 있다.

중국의 지역문화

중국은 영토가 넓은 만큼 지역에 따라 독특한 문화를 발전시키고 있어 문화로 지역을 구분하기도 한다. 가장 대표적인 지역문화는 북방문화와 남방문화이다. 북방문화는 기후가 한랭하고 황토지역이 많아 밭농사를 주로 짓는다. 강박한 자연 환경을 개척하며 살아온 북방민족은 호방하고 도전적이며 정치적인 색채가 농후하다. 중국의 고전인 시경(詩經)은 소박하고 진솔한 화법이 북방문화를 대표한다고 알려져 있다. 이에 반해, 남방은 기후가 온난하고 강수량이 풍부하며 논농사를 짓고 있다. 물자가 풍부하여 상업이 발전하고 섬세하고 수려한 문화가 발전하였다. 초사(楚辭)는 낭만적이고 풍부한 상상력을 두드러져 남방문화를 대표한다고 알려져 있다.

또한 동부 농업문화, 서남 소수민족문화, 서북 유목문화로 구분하기도 한다. 동부 농업문화와 서남 소수민족문화, 서부 유목문화로 구분된다. 동부 농업문화는 지역에 따라 다시 관동(關東)문화, 연조(燕趙)문화, 황토고원문화, 중원문화, 제노(齊魯)문화, 회하유역(淮河流域)문화, 파촉(巴蜀)문화, 형초(荊楚)문화, 파양(鄱陽)문화, 오월(吳越)문화, 영남(嶺南)문화로 세분화된다. 이들 지역은 방언과 함께 지역의 독특한 문화가 번성해왔다.

서남 소수민족 문화는 윈난(雲南)과 구이주(貴州) 고원에 살고 있는 소수민족 문화를 가리키며 풍속과 종교, 예술에 있어 한족문화와 구별되는 특색을 가지고 있다. 서북 유목문화는 내몽골(內蒙古)과 신장(新疆), 칭하이(靑海)를 포괄하는 초원, 사막지역에서 발생한 문화를 일컬으며 부족을 중심으로 이동생활을 하기 때문에 농업을 위주로 한 정주(定住)문화와는 판이하게 다른 독특함이 있다.

현재 중화인민공화국의 행정지리는 타이완을 포함한 23개의 성(省), 5개의 자치구, 4개의 직할시, 2개의 특별행정구를 1급 행정구역으로 구성되어 있다. 23개의 성 중 타이완은 중국 중앙정부의 통치를 받지 않는 독립 정부를 구성하고 있으며 1997년과 1999년 중국에 반환된 특별행정구 홍콩과 마카오는 외교와 국방을 제외하고 고도의 자치를 누리고 있다. 따라서 실제 중국정부의 통제를 받는 1급 행정구역은 31개의 성시(省市)이다.

현재 중국 인구는 약 13억 8천만 명(2016년 통계)이다. 물론 엄격한 인구통제 정책으로 인해 호적에서 누락된 인구를 생각하면 공식 통계보다 더 많은 인구가 존재한다는 것이 일반적인 상식이다. 전체 인구가 5125만 명(2016년 통계)인 한국과 비교할 때 중국 인구는 한국보다 약 28배 많다. 중국의 면적이 한국의 96배 넓은 반면 인구는 28배 많은데 불과한 것은 중국의 서부지역은 고원, 초원, 사막이 분포되어 있어 거주에 적합하지 않아 인구밀도가 매우 낮기 때문이다.

비록 중국의 인구밀도가 한국보다 낮다고 하더라도 중국은 다채로운 자연환경 속에서 형성된 풍부한 사회문화적 자원이 존재한다. 그래서 중국은 국토가 넓고 인구가 많은 만큼 하나의 수식어로 전체를 포괄할 수 없는 다양함이 존재하는 나라라는 것을 잊지 말아야 할 것이다.

〈중국의 각 성 시 자치구 개황〉

지역 구분	명칭	면적 (만 ㎢)	상주 인구 (만 명)	행정 구분	지역 구분	명칭	면적	상주 인구 (만 명)	행정 구분
동북지역	랴오닝 遼寧	14.59	4378	성(省)	중남지역	후난 湖南	21.18	6822	성(省)
	지린 吉林	18.74	2733	성(省)		광둥 廣東	18	10999	성(省)
	헤이룽쟝 黑龍江	45.48	3799	성(省)		광시좡주 廣西壯族	23.6	4838	자치구
화북지역	베이징 北京	1.68	2173	직할시		하이난 海南	3.4	917	성(省)
	톈진 天津	1.13	1562	직할시	서북지역	산시 陝西	20.56	3813	성(省)
	허베이 河北	18.77	7470	성(省)		간쑤 甘肅	45.44	2610	성(省)
	산시 山西	15.63	3682	성(省)		칭하이 青海	72.23	593	성(省)
	네이멍구 內蒙古	118.3	2520	자치구		닝샤후이주 寧夏回族	6.64	675	자치구
화동지역	상하이 上海	0.63	2420	직할시		신장웨이우얼 新疆維吾爾	166	2398	자치구
	산둥 山東	15.38	9947	성(省)	서남지역	충칭 重慶	8.23	3048	직할시
	쟝쑤 江蘇	10.26	7999	성(省)		쓰촨 四川	48.14	8262	성(省)
	저쟝 浙江	10.2	5590	성(省)		구이주 貴州	17.6	3555	성(省)
	안후이 安徽	13.97	6196	성(省)		윈난 雲南	38.33	4771	성(省)
	푸젠 福建	12.13	3874	성(省)		시짱 西藏	122.8	331	자치구
	쟝시 江西	16.7	4592	성(省)	기타	홍콩 香港	0.11	734.7	특별 행정구
중남지역	허난 河南	16.7	9532	성(省)		마카오 澳門	0.0025	61.22	특별 행정구
	후베이 湖北	18.59	5885	성(省)		대만 臺湾	3.6	2355	

* 출처: 중국통계국(검색일: 2017년 11월 1일)

〈중국지도〉

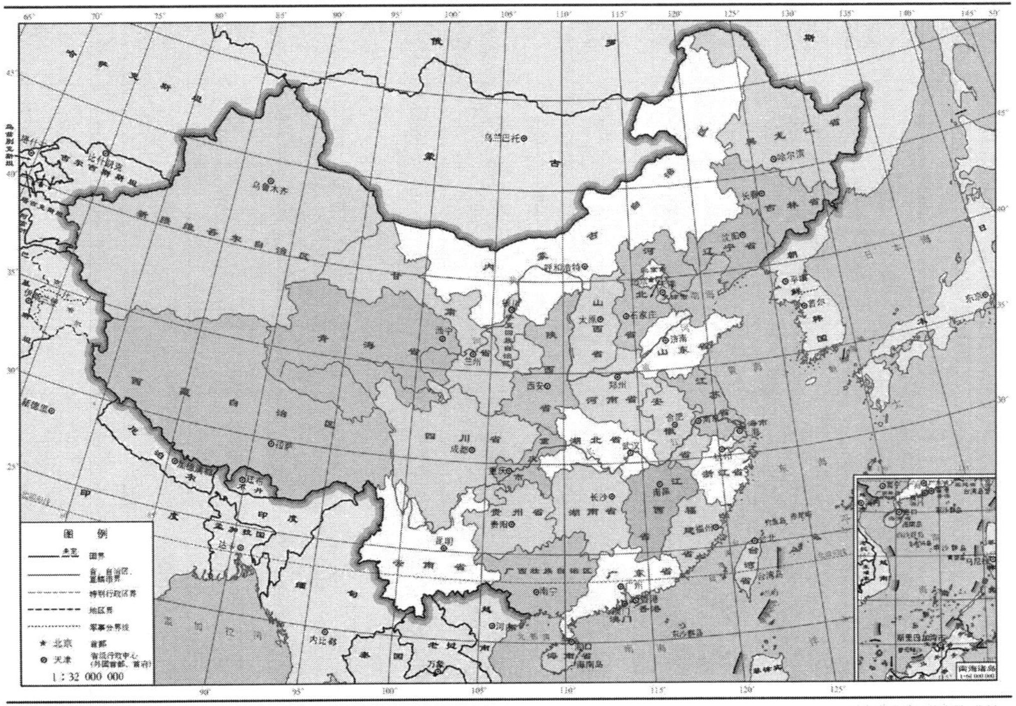

审图号：GS(2016)1582号

国家测绘地理信息局 监制

*출처: 중국 국가측회지리신식국(國家測繪地理信息局)

이렇게 크고 많은 인구를 가진 나라가 급속하게 변화하고 있다. 과거 중국하면 떠올리던 '만만디(慢慢地: '천천히'라는 뜻의 중국어로 중국인의 말과 행동이 지나치게 여유로운 것을 묘사하는 말)'라는 표현도 빠르게 변화하는 중국에는 이제 적합하게 느껴지지 않을 정도이다.

우리는 중국경제의 빠른 성장과 무역규모의 확대를 흥미롭게 관찰하고는 한다. 하지만 수치로 드러나는 변화는 국소적인 것이며 경제성장을 견인하는 정치·제도적 개혁과 생활과 가치관의 변화를 포함한다면 중국의 범위는 빠른 만큼이나 광범위하다고 볼 수 있으며 그러한 이유로 중국이 한국에 미치는 영향도 갈수록 더욱 커질 것이라고 전망되고 있다.

〈중국의 경제성장(1996~2015)〉

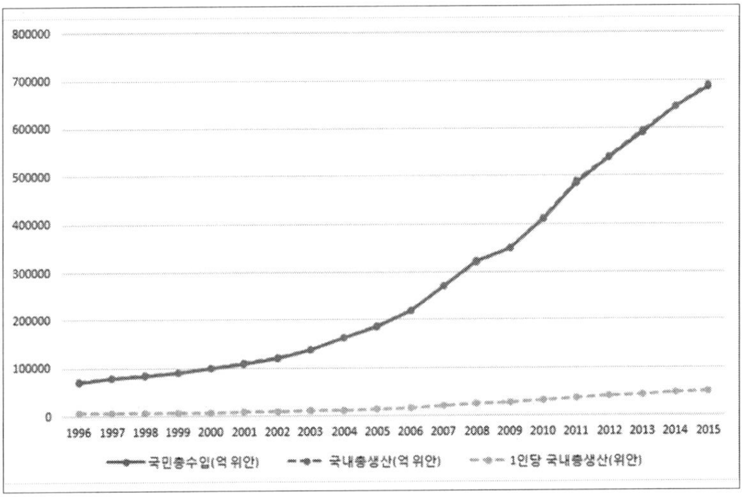

*출처: 중국통계국(검색일: 2017년 11월 1일)

한국인에게 있어 중국은 단순히 국토가 넓고 인구가 많으며 빠르게 성장할 뿐만 아니라 매우 가깝게 인접한 국가이다. 우리의 영토와 바다 그리고 하늘은 중국과 맞닿아 있다. 따라서 중국에서 일어나는 변화는 갈수록 더 광범위한 영역에 영향을 미칠 것이다. 우리가 보다 더 객관적으로 중국을 이해하고 분석할 수 있는 능력을 길러야 하는 이유이다.

2. 지역학, 그리고 중국학

중국을 이해하는 데는 여러가지 방법이 있다. 중국인의 과거 역사적 경험을 탐구하거나 문학작품을 분석함으로써 중국인의 정서를 이해할 수도 있고 중국 철학이나 사상을 연구함으로써 중국인의 사유구조를 이해할 수도 있다. 중국학의 범주를 넓게 보는 경우 역사, 문학, 철학도 중국학의 연구대상이 되기도 한다.

중국학은 지역학이라는 학문 범주에 속해 있다. 지역학은 특정지역의 사회현상을 총체적이고 객관적으로 이해하는 학문이다. 지역학이 특정지역을 연구 범위로 하는 이유는 인간의 삶이 물리적 경계 안에서 영유되기 때문이다. 기후, 지리와 같은 자연조건에 적응하면서 인간은 문명을 발생시키고 경험을 축적시켜 나가면서 문화를 성숙시킨다. 따라서 특정한 자연적 · 인문적 환경에서 발생한 사회현상은 고유한 사회문화적 맥락으로 이해되어야 한다. '특정'지역이라고 명시하는 것도 동일한 현상이라고 하더라도 지역의 특수성에 따라 서로 다른 기원이 존재한다는 점을 강조하기 위한 것이다.

고유의 사회문화적 맥락으로 특정 지역을 이해하고자 하는 최초의 시도는 신대륙 개척이라는 말로 그럴 듯하게 포장되고는 하는 서구의 제국주의 침략에서 유래되었다. 지구과학에 대한 지식체계의 형성과 항해술의 발전으로 서구의 신항로 개척은 활기를 띄게 되었으며 그 결과 서구는 지금까지 접해본 적 없었던 새로운 문명과 교류하게 되었다. 서구사회는 선교와 식민지 사업의 관리를 위해 아메리카, 아프리카, 아시아 대륙의 문화를 이해하고자 하였다. 서구인은 인문지리적 관점에서 낯선 세계를 이해하기 위한 목적으로 특정 지역의 언어, 역사, 문화, 종교, 지리를 연구하게 된다. 이것이 지역학이 넓은 의미에서 인문학을 포함하고 있는 배경이다.

그러나 우리는 이미 지역학이 사회과학 분과학문으로 분류되고 있다는 것을 지적한 바 있다. 분명, 지역학의 최근 연구경향은 사회과학적 특성이 보다 더 두드러지고 있다. 사회과학적 특성은 교육내용과 접근방법 두 가지 측면으로 나누어 살펴볼 수 있다. 최근 지역학은 과거보다는 동시대 주제를 주로 다루는 내용들로 구성되어 있다. 지역학의 교육내용이 동시대 주제를 주로 다루게 된 것은 특정지역에 대한 연구가 궁금증 해소나 호기심 충족을 넘어서는 보다 구체적인 문제해결을 교육목적으로 하게 되면서 부터이다. 이러한 경향성은 2차 세계대전 발발 이후 지역학 연구의 중심이 유럽에서 미국으로 넘어가면서 두드러지기 시작했다.

국제 분쟁에 다소 소극적인 입장을 고수하였던 미국은 2차 세계대전 참전을 계기로 국제사회의 분쟁조정자의 역할을 담당하게 되었다. 세계 각지에서 발생하는 충돌에 대처하고 미군을 해외에 파병하기 위해서는 해외 지역에서 발생하는 여러 사안들을 명확하게 이해할 필요가 있었다. 이를 위해서는 통역이나 번역 과정을 거치지 않고 해당 지역의 언어를 구사하여 취득된 정보를 객관적으로 분석할 수 있는 '지역전문가'가 필요하게 된 것이다.

현재 지역학의 학문적 특성인 '특정지역의 외국어'와 '특정 지역에 대한 이해'를 결합한 학문분과의 특성도 이 때 형성된 것이다. 미국정부는 1958년 「국가방위교육법」을 통과시켜 대학에 지역 언어를 토대로 지역학을 연구하고 교육하는 연구센터나 교육프로그램을 신설하는 것을 지원하기 시작한다. 미국 정부가 전국 대학에 설치한 교육기관은 지역학 연구의 산실이 되었으며 외국어와 지역 이해를 결합한 지역전문가 양성 방식은 전 세계에 확산되어 지역학 교육의 기초 틀을 제공하였다.

지역학의 학습과 연구가 실용적인 경향이 두드러지는 이유도 이러한 성장 배경과 관련이 깊다. 해당 지역에 대한 단순한 지식 습득을 넘어서 동시대에 발생하는 현상들에 주목하고 이러한 현상들이 발생하게 된 원인을 추적하여 향후 미칠 영향까지 전망할 수 있는 지역전문가를 양성하는 것이 교육과 연구의 목표가 되면서 지역학의 학문적 특징은 보다 더 명확해졌다. 이에 맞추어 지역학의 교육내용도 지역 언어와 동시대적 주요 사안에 초점을 맞추어 구성되게 되었다.

또한 지역학은 동시대 주요 사안을 사회과학적으로 접근한다. 사회과학적 접근방식이란 말이 다소 어렵게 느껴질 수도 있다. 이를 이해하기 위해서는 우선 '사회과학' 학문분과의 특징을 이해해야 한다.

사회과학은 과학적 방법에 입각하여 사회현상을 연구하는 학문이다. 과학적 방법은 사회현상을 연구함에 있어 경험과 측정에 근거한 증거를 이용하여 현상의 원리를 밝히는 과정이다. 본래 자연현상을 연구하는 방법이었으나 이후 인간사회의 다양한 현상들을 분석하는 데에도 적용되었다. 지역학이 사회과학 분과라는 것은 특정지역의 현상을 이해하는데 경험적 자료나 조사 자료의 분석을 통해 객관적으로 접근한다는 특징을 보여주는 것이다.

익숙하지 않은 문화를 가진 지역이나 국가를 관찰할 때 종종 우리는 주관적인 관점에서 이를 평가하는 오류를 범하고는 한다. 이러한 오류로 인해 해당지역의 문화나 제도를 폄하하고 자신의 문화가 우월하다고 생각하는 자문화중심주의에 빠지기도 한다. 이러한 태도는 해당지역에 대한 객관적인 관찰을 불가능하게 만들어 전략이나 정책을 수립해야 하는 경우에 잘못된 선택에 도달하기도 한다.

지역학이 실용적인 학문이라면 주관이나 선입관을 최대한 배제한 객관적 결론에 도달하여 잘못된 결론으로 인해 피해가 발생할 가능성을 최소화해야 할 것이다. 과학적 방법은 이러한 오류를 바로잡아 지역현상을 객관적으로 판단하는데 도움을 준다. 연구를 통해 도출된 지식이 현실적인 필요에 적확하게 사용되기 위해서는 우선 현상을 정확하게 분석해낼 필요가 있다. 시간이 갈수록 지역학 연구에서 과학적 연구방법의 중요성이 더욱 강조되는 이유이다.

과거의 지역학은 지역의 특수성이 당연하게 전제되었다. 지역학 연구라는 것도 특정지역이 다른 지역에 비해 어떤 특수성이 존재하는지를 묘사하는데 그쳤다. 그러나 최근의 지역학 연구는 특정지역이 왜 특수한 것인지를 사회과학적 분석방법을 이용해 증명하는 과정을 중요시한다. 이를 통해서만이 연구를 통해 얻은 지식이 객관적 사실이 되기 때문이다.

중국학은 지역학의 세부 영역으로서 중국이라는 나라의 특수성을 사회과학적 방법을 활용하여 객관적으로 도출해내는 학문이라고 요약할 수 있을 것이다.

3. 한국의 중국학 연구

한국의 중국학 연구는 1992년 한중수교 이전과 이후로 크게 구분할 수 있다. 한중수교 이전 한국의 중국학 연구는 중국에서 직접 자료를 수집하거나 현지조사를 실행하기 어려운 상황에서 타이완과 홍콩, 그리고 미국을 통해 획득된 자료를 분석하면서 이루어졌다. 당시 중국학 연구자들은 타이완이나 홍콩, 미국 그리고 유럽에서 유학하면서 한국에서 취득하기 어려운 중국의 자료와 정보들을 토대로 중국에 대한 연구를 수행하였다. 당시의 중국학은 과거부터 이어져 왔던 문학·역사·철학을 기초로 한 인문학적 연구와 자본주의 체제와 구분되는 사회주의 국가체계, 공산주의 체제를 연구하는 중국정치 연구가 주류를 이루었다.

북한과 대치하고 있는 특수한 상황에서 사회주의 국가와의 교류가 거의 존재하지 않았던 한국도 세계를 휩쓸었던 데탕트(detente, 프랑스어로 '긴장완화'라는 뜻으로 미소냉전체제가 화해공존을 모색하는 상태를 일컫는다)의 영향을 받게 되었고 한국정부는 1990년대 들어서면서 사회주의 국가와 교류를 추진하게 되었다. 그 일환으로 1992년 8월 24일 한중수교가 이루어졌다. 한중수교로 중국 연구는 새로운 전기를 맞이하게 되었다. 중국을 직접 방문하여 필요한 자료를 직접 수집하고 중국인을 인터뷰하며 설문조사도 실행할 수 있게 된 것이다. 습득 가능한 지역 언어의 자료를 검토하는 것이 지역학 연구에서 가장 중요한 연구방법이기 때문에 중국을 직접 방문할 수 있게 되면서 한국의 중국학 연구는 비약적인 성장을 구가하게 된다.

과거 공산주의 체제 연구에 집중되었던 연구 경향도 보다 더 다양해졌다. 그 중 중국 경제영역의 연구는 가장 괄목할 만한 성장을 이루었다. 한중수교 이후 한중간의 교역량이 비약적으로 성장하고 중국에 투자하고자 하는 한국 기업이 늘어나면서 중국경제 연구에 대한 사회 수요가 이러한 발전을 유인한 것이다. 뿐만 아니라 한중교류의 폭이 넓어짐에 따라 중국학 연구의 범위는 계속적으로 확대되고 있는 추세라고 할 수 있다.

수교 이후 인적교류가 활발해지면서 중국학 연구의 중심은 중국에서 직접 수학하거나 연구를 수행한 경험이 있는 학자들에 의해 주도되기 시작한다. 상당수의 연구자들이 중국에서 유학한 경험이 있으며 중국 고등교육 기관과 연구기관과의 네트워크를 이용하여 과거에 비해 더 많은 현지 자료를 활용할 수 있는 기회를 갖게 되었다. 이를 통해 중국의 의도를 가감없이 반영한 자료를 취득할 수 있게 된 것은 장점이라고 할 수 있으나 혹자는 중국연구자들이 지나치게 중국 측의 의견이 반영된 자료에 노출되어 있다고 지적하기도 한다. 따라서 최근에는 중국지역전문가 양성과정에서 사회과학적 연구방법론 교육이 더더욱 강조되고 있다.

1990년대 말 세계화가 전 지구적 현상이 되면서 문명과 문명, 문화와 문화, 지역과 지역의 교류가 일상적 현상이 되었다. 전 지구가 시공간의 압축을 경험하기 시작하면서 우리는 사적인 생산과 소비활동에서도 세계화를 고려하지 않을 수 없게 되었다. 이러한 국제환경의 변화 속에서 지역학, 특히 갈수록 그 영향력을 확대해 나가고 있는 중국에 대한 연구수요는 가히 폭발적으로 늘어나고 있는 중이다. 이러한 분위기를 반영하듯 한국 고등교육 기관 안에서 실용 학문으로서의 중국학과의 설치가 폭발적으로 증가하고 있는 상황이다.

정치·안보·경제·사회·문화 모든 방면에서 중국과의 관계를 어떻게 정립하고 어떻게 공동 이익을 발굴해낼 것인가가 갈수록 중요한 화두로 부상할 것이기에 21세기 한국에서 중국학 연구는 가장 중요한 학문영역이라고 할 수 있을 것이다.

제2장

중국 현대정치

1. 사회주의 국가 수립 배경

1) 신해(辛亥)혁명과 5·4운동

20세기 들어서면서 중국 백성들의 삶은 더욱더 비참해지고 있었다. 무능하고 부패한 청나라 정부 하에서 변법자강(變法自疆)운동이나 양무(洋務)운동 같은 위로부터의 개혁도 아무 효과를 거두지 못하였다. 그리고 각지에 할거하고 있는 군벌들의 각축전은 더욱 치열해지고, 중국 주요지역에 조차지를 조성하고 있는 서구열강들의 침탈과 만행은 무자비하게 확대되었다. 이렇게 도탄에 빠진 백성을 구하고 반(半)식민지 상태의 나라를 되찾기 위한 혁명 움직임이 일어났다. 하와이와 일본 등 외국에서 흥중회(興中會)를 조직하여 활동하던 쑨원(孫文)이 1911년 중국 남부의 광둥(廣東)성을 중심으로 수차례 무장봉기를 시도하였다.

1911년 10월 10일 마침내 성공을 거두었으니, 이것이 중국 정치 역사의 새로운 장을 연 신해혁명이다. 쑨원은 삼민주의(三民主義)를 제창하여 5권 분립에 의한 민주공화제를 실시한다는 목표 하에 1912년 1월 1일 중화민국(中華民國) 임시정부 수립을 선포하였다. 그러나 이러한 구상은 군벌들의 난립, 제국주의 국가들의 세력에 밀려 정치세력범위를 중국 전역으로 확대하지 못함으로써 이룰 수가 없었다. 이에 청나라 관리인 위엔스카이(袁世凱)에게 총통직을 넘겨주면서 남과 북에서 협력하여 난관을 극복하고자 하였다. 그러나 이 역시 위엔스카이가 왕정복구를 시도하다가 사망함으로써 실패하고 말았다. 이리하여 신해혁명은 청나라 멸망으로 봉건정치를 종식시켰다는 정치적 의의만 남긴 절반의 혁명으로 끝났다.

이와 같이 민주공화국가 건설도 힘든 상황에 일본은 독일이 1차 세계대전에 몰두하고 있는 틈을 타서 교주만과 산뚱(山東)반도를 차지하는 것을 주로 하는 21개조를 요구하고 나섰다. 중국 국민들의 분노는 하늘을 치솟았다. 중국은 이런 민심을 반영하여 1919년 1월 18일 개최된 파리강화회의에 21개조 폐지를 포함한 7개 항의 요구를 제출하였다. 그러나 4월21일 파리강화회의가 일본 측의 요구를 수용하면서 중국 백성들의 분노는 폭발하였다.

1919년 5월 4일 21개조 파기와 매국노처벌을 주장하는 대규모 시위가 베이징대학 학생이 주축이 되어 발생하였다. 이 5·4운동은 구국에 다양한 의견을 가진 지식인들이 대거 동참한 애국운동이었다. 일직이 후스(胡適)·천뚜슈(陳獨秀) 등은 정신적 문화적으로 국민들을 각성시키려는 신문화 운동을 전개하고 있었다. 이들 역시 5·4운동의 적극 가담자들이었다. 이와 같이 베이징에서 시작된 지식인 운동은 그 후 다른 지역으로 확산되고 노동자 상인들이 대거 합류하면서 운동은 격렬해졌고 급진적인 시위대로 변화하였다. 결국 정부는 매국노를 처벌하고 파리강화회의 서명을 거부하기에 이른다. 하지만 점진적 개혁을 주장하는 지식인 그룹과 급진적 개혁을 주장하는 그룹이 결별하면서 향후 중국 구국운동은 두 갈래로 진행되었다. 후스를 중심으로 한 그룹은 백화문(白話文)운동 등 문화운동을 전개하며 민주공화제를 지지하여 국민당과 뜻을 같이 하였다. 반면 천뚜슈와 리따쟈오(李大釗)를 중심으로 한 그룹은 새로운 대안으로 중국을 변혁시켜야 한다는 생각 하에 중국공산당 창당을 주도하였다.

2) 중국공산당의 혁명승리

(1) 공산당 창당과 제1차 국공합작

1921년 7월 중국공산당이 창당되었다. 중국내에서 급진적 변혁만이 구국의 길이라고 생각하던 지식인들은 1917년 러시아혁명 성공으로 소련사회주의연방국이 탄생된 것에 크게 고무되었다. 중국 역시 사회주의 혁명을 통해 반(半)식민지·반(半)봉건사회로부터 벗어나게 할 수 있다고 확신하게 된 것이다. 상하이의 프랑스조계에 있는 공산당창당 멤버인 리한쥔(李漢俊)의 형 자택에 53명이 모여 공산당을 만드는데 소련은 코민테른 대표를 파견하여 이를 돕게 하였다. 창당대회인 제1차 전국대표대회에서는 '프롤레타리아 민주혁명'을 실행한다는 대회선언문을 채택하고 당장을 제정하고 천뚜슈를 총서기에 선출하였다. 후에 중국혁명을 승리로 이끈 마오쩌둥(毛澤東)도 참석하였다.

다음해인 1922년 정치 환경은 공산당에게 매우 불리했다. 그래서 제2차 전국대표대회는 황포강 배위에서 열었다. 이 회의에서는 프롤레타리아 정당으로 공산주의사회를 만드는 것은 최후 목표라고 하고 우선 군벌을 타도하여 내란을 끝내는 것을 당면 과제로 결정하였다. 그러나 군벌 간의 각축전은 더욱 심해지고 서구 열강들도 공산당을 싫어하여 불법정당인 공산당은 자유롭게 활동할 수도 없어 곤경에 빠져가고 있었다. 이때 소련공산당과 코민테른은 쑨원의 국민당 밑으로 들어가서 조직을 보존할 것을 권유하였다.

이러한 제안은 동시에 쑨원에게도 전달되었다. 쑨원 역시 정치력 부족으로 정치세력의 범위가 중국 남부에 국한되어 있었는데 설상가상으로 그 지역의 군벌인 천징밍(陳炯明)이 반기를 들고 일어나 정치적 위기를 맞이하고 있었다. 이와 같이 두 개의 당 모두 입지가 어려운 상황을 이용하여 코민테른 대표 요페가 쑨원과 공동선언문을 발표하고 공산당과의 합작을 적극적으로 추진하였다. 물론 공산당은 서호에서 긴급회의를 열어 격렬한 논쟁을 벌였지만 결국 자신의 당적을 버리고 국민당의 당원이 되는 '당내합작(黨內合作)' 즉 흡수 통합이라는 굴욕적인 방식을 수용하였던 것이다. 살아남기 위한 어쩔 수 없는 선택이었다.

이리하여 국민당과 공산당은 각기 자유민주주의와 사회주의를 추구하는 이념적 적대관계에 있었음에도 불구하고 국공합작을 결정하여, 1924년 1월 광저우(廣州)에서 중국국민당 제1차 전국대표대회를 개최하였다. 대회는 연아(聯俄)·연공(聯共)·부조농공(扶助農工) 즉 소련과 연합하고 공산당과 연합하여 농민과 노동자를 돕는다는 내용을 기조로 하는 선언문을 채택하고 24명의 국민당 중앙위원을 선출하였다. 개인적으로 국민당에 가입한 전 공산당원 3명이 중앙위원에 선출되었으며 특히 국민당의 조직부, 공인부와 농민부 부장을 맡은 점은 주목할 만하다. 이들은 국민당의 이름으로 노동자들을 선동하고 농민운동을 진행하면서 공산당원 수를 늘려나갔으며 국민당내에 자신들에게 우호적인 좌파를 포섭해 나갔다. 이러한 행태에 대해 국민당내에 많은 반발이 있었으나 쑨원의 결정을 번복할 수는 없었다. 그러다 1925년 3월 쑨원이 돌연 병사하면서 국공합작은 흔들리기 시작하였다.

쑨원의 뒤를 이어 장제스(蔣介石)가 국민당의 새로운 실세로 떠올랐다. 그는 1924년 설립된 황포군관학교 교장을 맡고 국민혁명군을 창설하면서 군권을 쥐고 있었다. 그의 정치적 야망은 쑹메이링(宋美玲)과 결혼하여 쑨원의 동서가 되면서 더욱 강해졌고 쑨원의 후계자가 되면서 현실화되었다. 1926년 3월 중산함사건을 일으켜 소련고문단을 강제 출국시키고 국민당내 공산당원의 직책을 박탈하고 국민당 상무위원회 주석에 취임하였다. 1927년 4월에는 상하이 쿠데타를 일으켜 국민당 좌파와 공산당원이 설립한 '우한(武漢)정부'를 부정하고 난징에 국민정부를 수립하였다. 장제스는 이제 당의 권력도 장악하게 되었던 것이다. 이제 그는 당내에서 공산당과 좌파를 없애고 진정한 권력자가 되어야 했다. 이때 공산당과 코민테른이 비밀리에 공작을 부리고 있던 것이 들통 나는 비밀전보사건이 터졌다. 장제스에게는 절호의 기회가 온 것이다. 그는 국공합작의 합의를 이행하지 않는다는 사실을 들어 1927년 7월 국공 분열을 선포하고 다음해 8월 중화민국 총통에 취임하였다.

이때부터 국민당과 공산당간에 중국 대륙을 장악하기 위한 격렬한 싸움이 시작되었다. 장제스가 공산당원에 대한 대대적인 색출과 처형을 진행하여 리따자오를 비롯한 수많은 당원이 희생되었고 당원수는 급감하였다. 공산당은 최대의 위기에 봉착하였다.

(2) 공산당 혁명노선의 혼돈

이러한 심각한 국면을 벗어나기 위하여 공산당은 당내지도부 개편과 혁명노선에 대한 재정비가 불가피하였다. 1927년 8월7일 긴급회의에서 1921년 창당시기부터 총서기직을 맡아온 천뚜슈는 물러나고 취치우바이(瞿秋白)가 총서기 서리에 임명되고 폭동위주의 노선을 채택하였다. 농촌지역에서는 추수시기에 폭동을 일으키고 광뚱성 광저우에서는 노동자중심의 폭동을 일으키고 일부지역에서 소비에트 수립을 시도하기도 하였으나 모두 실패하였다. 따라서 1928년 멀리 모스크바에서 열린 중국공산당 제6차 전국대표대회에서 샹충파(向忠發)를 총서기에 리리싼(李立三)을 선전부장에 선출하여 혁명노선을 재조정하였다. 이 대회 결의는 폭동정책을 계속 실시하지만 무차별적으로 할 것이 아니라 승리할 수 있는 지역을 선택하여 집중적으로 폭동을 일으킨다는 것이다. 즉 한 개의 성 또는 몇 개의 성에서 승리하고 이를 점차 확대해 나간다는 전략이다. 하지만 군벌(軍閥)과 국민당 세력이 강하여 이 전략도 성과를 거두지 못함으로써 또 다시 지도부를 교체할 수밖에 없었다.

이른바 국제파 즉 소련유학파인 왕밍(王明)이 등장하여 소련 공산당의 성공 모델인 소비에트운동을 전개하였다. 결국 1931년 11월 쟝시(江西)성 루이진(瑞金)에 '중화공농병(中華工農兵)소비에트공화국'을 설립하는 성과를 거두었다. 헌법대강·노동법·토지법 등을 제정하여 정부수립의 기본 틀을 마련하였다. 그러나 군벌과의 전쟁에서 크게 승리를 거둔 장제스가 이번에는 공산당 토벌을 목표로 삼았다. 1932년부터 시작된 토벌작전은 1934년에 들어서는 60만 대군을 집결하는 제4차 토벌작전을 수행하여 공산당은 괴멸의 위기를 맞이하게 되었다. 공산당은 더 이상 버티기 힘든 상황에 처하자 1934년 10월 결국 소비에트 근거지 루이진을 떠나 머나먼 도주의 길에 오른다. 천신만고 끝에 1935년 10월 서북부 오지의 땅 샨시(陝西)성 옌안(延安)에 이르러서야 2만 5천 리 대장정(大長征)은 끝이 났다. 왕밍의 소비에트운동도 하나의 시도로만 남았을 뿐이다.

(3) 마오쩌둥의 등장과 혁명승리

중국 공산당은 이 멀고도 험난한 피난 도중에 공산당 실패의 원인을 규명하고 기사회생의 전략을 구상하지 않을 수 없었다. 1935년 1월 꾸이저우(貴州)성 쭌이(遵義)에서 열린 회의는 역사적 의미를 갖는다. 대장정기간 홍군의 행로를 진두지휘한 마오쩌둥의 유격전술이 긍정적으로 평가되면서 새로운 지도자로 부상하여 마오 혁명노선이 출현하는 계기가 되었다. 마오쩌둥은 옌안에 정착한 후 당시의 주요 적은 일본 제국주의이기 때문에 내전을 중지하고 일본에 대항하는 범 민족적인 통일전선을 결성해야 한다고 호소하였다. 이러한 제안은 잔혹한 일본 침략행위에 시달리던 중국백성들에게 폭발적인 호응을 받았다.

반면 장제스는 먼저 국내를 안정시키고 외적과 싸우겠다는 의지를 굽히지 않고 공산당 5차 토벌작전을 강행코자 하였다. 그러나 옌안지역을 관장하는 동북군의 장쉐량(張學良)이 장제스의 작전명령에 반대하였다. 장쉐량은 만주 군벌이었던 부친 장줘린(張作霖)이 일본군에게 암살당하여서 반일 감정이 누구보다 컸다. 따라서 마오쩌둥의 일치단결하여 일본과 싸우자는 제안에 동조하고 있었던 것이다. 그러자 장제스는 1936년 12월 12일 장쉐량을 설득하고자 시안을 방문하였고, 이때 장쉐량은 장제스를 납치 감금하고 내전 중지 등의 8개 조항을 요구하는 쿠데타를 일으켰다. 그 유명한 시안(西安)사변이다. 12월24일 장제스는 내전을 중지하고 공산당과 함께 항일하겠다는 데 합의함으로써 다음날 석방되어 난징으로 귀환하였다.

이후 국민당과 공산당은 합당에 대한 논의를 거쳐 1937년 9월 제2차 국공합작을 선포하였다. 이 합작은 물론 국민당이 주도권을 잡도록 하였지만 제1차 합작과는 달리 당외합작(黨外合作) 즉 당 대 당 합작형식으로 이루어졌다. 두 개의 당은 각각 존재하지만, 군대와 정부는 국민당의 편제에 들어갔다. 그리하여 공산당의 홍군은 국민당군대 제8로(路) 군으로 편입되었고, 공산당점령지역 정부는 국민당정부의 변구(邊區)정부로 명명되었다.

이제 공산당은 국민당의 침공에서 벗어나게 되었다. 국민당과 협력하여 일본을 무찔러야 했다. 그러나 공산당은 한편으로 사회주의 혁명을 추진하는 작업에도 소홀하지 않았다. 공산당의 새로운 지도자 마오쩌둥은 자신의 혁명노선을 확립해 나갔다. 그는 중국은 러시아와는 달라서 소련식 혁명노선을 시행해서는 안 되며 사회주의를 중국의 상황에 맞도록 변형해야한다고 주장하였다. 즉 '중국식 사회주의'를 시행해야만 혁명에 성공할 수 있다는 것이다. 중국식 사회주의 노선의 대표적인 이론이 신민주주의론(新民主主義論)이다. 중국은 자본주의 사회가 아니고 반(半)봉건·반(半)식민 사회이므로 곧 바로 프롤레타리아 혁명을 시행할 수 없고 신민주주의 혁명단계를 거쳐서 프롤레타리아 혁명을 완수해야 한다는 것이다. 이 신민주주의 단계에서는 프롤레타리아인 노동자와 농민 이외에 소자산(小資産)계급과 민족자산(民族資産)계급도 함께 혁명에 가담시켜야 한다는 것이다. 소자산계급과 민족자산계급 역시 대자본가와 매판(買辦)자본가들에게 착취를 당하고 있으므로 혁명에 동조적이기 때문이다. 즉 4개 계급 연합전선이 이론의 핵심이다.

이러한 독자적인 이론을 구축하면서 공산당 내부정리를 진행하였다. 우선 당내 반대파인 왕밍을 중심으로 한 국제파를 축출하는 작업을 하였다. 이 작업은 옌안시기 무분별하게 당원을 확장하면서 생겨난 당원들의 자질문제 해결과 동시에 진행되었다. 1938년 9월 마오쩌둥은 '신 단계를 논함'이라는 정치보고서를 발표하면서 당내 이념투쟁을 시작하였다. 이는 1942년부터 1944년까지 대대적인 정풍(整風)운동으로 진행되어 당원들에 대한 이념교육과 자아비판이 이어졌다. 1944년 1월 왕밍이 자아비판을 하고 물러나면서 마오쩌둥이 당권을 완전하게 차지하게 되었다.

마오쩌둥이 주창한 '중국식 사회주의' 혁명노선은 세력 확장에 큰 성과를 가져다주었다. 항일(抗日) 구호 하에 백성들의 높은 지지를 받으며 일부 부르주아 계급까지 연합하여 대중지지 기반을 마련한 마오쩌둥은 그의 군사노선인 유격전(遊擊戰)과 지구전(持久戰)을 활용하여 전쟁 중에 공산당 점령지역을 확대해 나갔다. 또한 군중노선(群衆路線)으로 대중에게 다가가 그들을 각종 운동에 동원하는 전략을 펼쳤다. 이러한 마오의 성과로 인하여 당 내외에서 많은 지지를 얻게 되었다. 드디어 1943년 정풍운동기간에 마오쩌둥 사상이라는 용어가 등장하더니 1945년 개최된 중국공산당 7전대회에서 공식화되었다. 이 당대회는 당장에 마오쩌둥사상을 막스·레닌주의와 같이 공산당 지도이념으로 삽입하고 공산당 주석제(主席制)를 도입하여 그를 당 주석에 선출하였던 것이다. 이로써 마오쩌둥은 명실상부한 1인자가 되었다.

1945년 8월 일본의 항복으로 8년간의 항일전쟁은 끝이 났다. 따라서 항일을 목표로 맺은 국공합작도 새로운 국면을 맞이하게 되었다. 국민당과 공산당은 정부수립 방식에 큰 의견 차이를 보이고 있는 상황에 미국에 소련까지 국민당정부를 공식 정부로 인정한다고 발표하면서 장제스의 손을 들어 주었다. 공산당은 어쩔 수없이 국민당과의 협상에 임하였으나 양당 간의 합의는 성사될 수가 없었다. 이에 1946년 7월 장제스가 공산당을 섬멸하겠다고 전쟁을 시작하고 1947년 1월1일 중화민국 헌법을 공포하였다. 그러나 3년간 내전의 결과는 오히려 마오쩌둥 공산당의 승리로 끝이 났다.

2. 마오쩌둥(毛澤東)의 정치

1) 신정부 수립과 사회주의 정치체제 구축

마오쩌둥은 1949년 10월 1일 오후 3시 천안문광장에서 중화인민공화국(中華人民共和國) 정부수립을 선포하였다. 신정부는 출범하였으나 소위 사회주의 국가 건설을 위해서 그가 해결해야 할 과제는 상당히 많았다. 일본과의 8년 전쟁 그 후 국민당과의 4년 전쟁을 거치면서 황폐화된 경제도 살리고 2천 년간 내려온 왕조정치의 잔재도 없애야 했다. 그러나 가장 심각한 문제는 사회주의 국가에서는 인정할 수 없는 부르주아 계급과 함께 정부를 수립했다는 것이다. 마오쩌둥은 혁명할 때에 노동자와 농민만으로는 부족하여 부르주아 중에서 소자산계급과 민족자산계급을 끌어들였었고 그들과 함께 연합정부(聯合政府)를 구성하겠다고 했었다. 따라서 신민주주의 단계를 정리하고 사회주의 고급 단계로 가기 위한 과도기간을 가질 수밖에 없었다.

이에 마오쩌둥은 정부 출범 준비기구로 인민정치협상회의(人民政治協商會議)를 구성하였다. 그 구성은 공산당원·각 민주당파·각계 인민단체·인민해방군·각 민족·해외화교에서 추천된 각계각층의 대표로 이루어졌다. 이들 662명 대표들은 9월 21일부터 9월 30일까지 건국준비를 하였다. 수도는 베이징, 국기는 오성홍기(五星紅旗), 국가는 의용군행진곡(義勇軍行進曲)으로 정하였다. 그러나 일반적으로 정부수립의 첫 번째 요소인 헌법을 제정하는 대신 공동강령(共同綱領)을 국가의 기본법으로 삼았으며, 정부도 국무원이 아닌 정무원으로 명명하여 과도시기의 형식을 띠었다. 즉 계급구조가 사회주의 형태에 적합할 때까지 헌법제정을 유보하고 사회주의 정치체제를 구축해 나가고자 하였다.

마오쩌둥은 우선 비(非) 사회주의적 사회계층에 대한 투쟁을 통해 사회주의 정치체제로 나가는 걸림돌을 없애고자 하였다. 그 시도가 1950년부터 3년간 진행한 '5대 운동'이다. 토지개혁운동으로 농촌내의 지주와 봉건토호세력인 향신(鄕紳)계급을 정리하고, 항미원조(抗美援朝) 구호아래 한국전쟁 중 북한을 도우면서 미국을 제국주의라고 반대하고, 반(反) 혁명분자진압운동으로 여전히 남아있는 국민당 잔재세력과 제국주의 앞잡이인 한간(漢奸)들을 없애고, 3반5반(三反五反)운동을 통해 자본가들의 비리와 부패를 공격하여 자본가계급소멸의 전초전으로 삼았으며, 사상개조운동으로 지식인들에 대한 사회주의 이념투쟁을 전개하였다. 이 운동은 신민주주의 요소를 청산하겠다는 신호탄으로 큰 성과를 거두었다.

그리고 두 번째 시도로 농업·수공업·상공업 분야를 사회주의 형태로 바꾸는 '3대 개조(三大改造)'운동을 추진하였다. 농업의 사회주의개조는 앞서 시행한 토지개혁의 후속조치이다. 즉 지주와 향신을 없앴음에도 불구하고 여전히 남아 있는 비 사회주의적 요소인 토지사유권과 개별영농 및 부농을 정리하기 위한 조치였다. 이는 3단계로 진행되었다. 먼저 농촌에서 몇 가구씩 묶어 상부상조하는 '호조조(互助組)' 즉 상호협력팀을 결성토록하고 다음 해에는 이 호조조를 다시 확대하여 초급합작사(初級合作社)로 만들었다. 이 합작사는 각 가구별로 토지를 소유하고 있지만 농기구를 공동사용하고 함께 농사지어 노동의 양과 토지 소유면적에 비례하여 생산물을 분배하였다. 집단영농의 기초가 마련된 것이다. 이를 토대로 하여 고급합작사(高級合作社)를 만드는데 중요한 것은 토지문서를 반납하여 토지를 공동 소유로 바꾸었다는 점이다. 결과적으로 토지 사유권은 사라지고 모두 함께 집단적으로 농사를 지음으로써 부농은 자연히 소멸되었다. 이로써 마오쩌둥은 농촌에서 소기의 목적을 달성한 셈이다.

수공업분야의 사회주의 개조는 영세성을 개선하고 비인간적 불평등 고용관계를 바꾸려는 운동이었다. 이 역시 3단계로 하였다. 생산팀에서 초급합작사 그리고 고급 합작사로 발전시켜 원료공급과 생산 및 판매를 공동으로 하게 되었는데 1956년 말까지 92%의 수공업자가 합작사에 소속되었다. 이와 동시에 고용인의 수가 10인 이상 사업장에 대해서는 고용관계 조정이 이루어졌다. 고용주의 피고용인에 대한 저임금, 인신박해 등의 사례를 적발하여 비판투쟁을 하고 고용인에 대한 사상교육도 시행하였다. 고급합작사단계에 가서는 고용주 역시 한명의 합작사 직원이 되었다. 더 이상 수공업 분야에서 불평등 요소는 존재하지 않게 되었다.

끝으로 상공업분야의 개조는 앞의 두 분야와는 달랐다. 그 앞의 자본주의라는 수식어가 보여주듯이 상업과 공업부문에 자본주의적 경제요소를 소멸하겠다는 것이다. 2단계로 진행되었는데 1단계에서는 정부가 상품가격을 통제하고 유통망을 관리하고 생필품가격을 결정하여 기업의 이윤증식을 억제시키는 각종 조치를 취하였다. 다음 고급단계에서는 기업이 국가와 공동 경영하는 '공사합영화(公私合營化)'를 추진하였다. 이는 1958년부터 적극적으로 추진한 국영기업 정책의 기초를 닦아 놓은 것이다.

마오쩌둥은 이 3대 개조 운동으로 단지 3년이라는 짧은 시간에 공유화를 실현하였다.

이와 같이 사회주의주의 국가 건설에 불필요한 계급과 사회요소 정리가 가시적인 효과를 나타내면서 사회주의 정치체제도 마련할 수 있었다. 1953년 3월 신 선거법을 공포하고 입법기관인 전국인민대표대회(全國人民代表大會) 출범을 위한 대표 선출을 실시하였다. 1년 동안 하급단위에서의 직접선거와 전국단위에서의 간접선거를 거쳐 1226명의 국회의원 즉 전국인민대표를 선출하여 1954년 9월 제1차 전국인민대표대회 즉 초대 국회를 개최하였다. 이 대회에서 헌법을 제정하고 국가 주요기구를 결정함으로써 이제 사회주의 중국 정치의 면모를 갖추게 되었다. 전국인민대표대회는 5개 법과 2개의 결의를 통과시켰다. 전국인민대표대회조직법·국무원조직법·법원조직법·인민검찰원조직법과 지방인민대표대회 및 지방 각급 인민정부 조직법이 만들어져 국가기구가 정비되었다.

헌법에 대한 논의는 1954년 4월 시작되었다. 특이한 사항은 중국공산당 중앙위원회가 헌법기초위원회를 구성하고 그 위원장을 마오쩌둥이 맡아 초안 작성을 진행하였다는 점이다. 즉 마오의 의지가 담긴 국가기본법을 전국인민대표대회가 추인한 셈이다. 헌법은 전문과 4장 106개 조로 구성되었고, '공인계급이 영도하고 노농동맹에 기초한 인민민주주의 국가'라고 국가 성격을 규정하였다. 국가 원수에 해당하는 국가주석제를 도입하여 마오쩌둥을 선출하였으며, 최고 행정기관이자 전국인민대표대회 집행기관으로 국무원을 두었고, 중앙 사법기관으로 최고 인민법원과 최고 인민검찰원을 두었다,

이리하여 정부출범 초기의 공동강령과 정무원은 헌법과 국무원으로 대체되었으며 중앙인민정부 주석은 국가주석으로 바뀌고 기타 주요 국가기구들도 갖추어져 중국공산당 중심의 사회주의 정치체제가 확립되었다.

2) 3면 홍기 운동 및 정치적 1보 후퇴

마오쩌둥은 마음이 급해졌다. 하루빨리 자본주의적 요소를 모두 없앤 사회주의 고급 단계가 되어야 사회주의 정치가 정착할 수 있다고 생각했기 때문이다. 그는 3대 개조 운동의 성공에 고무되어 1958년 3가지 면에서 붉은 깃발을 세우자는 '3면 홍기' 운동을 시작했다. 즉 사회주의건설 총노선(總路線)과 대약진(大躍進) 그리고 인민공사(人民公社) 운동을 선포하게 된다. 사회주의건설 총노선은 사회주의 이념을 강화하고 사유제를 완전히 소멸시켜 공동소유 형식인 집체소유제와 국가소유 형식인 전민소유제로 전환한다는 등의 내용을 포함한다. 대약진은 제1차 경제 5개년 계획으로 얼마간의 경제성장이 이루어졌지만 여전히 경제가 너무 낙후하므로 농업과 공업 분야를 급속히 성장시키자는 것이다. 3면 홍기 운동의 가장 핵심적인 것은 전국을 인민공사체제로 만드는 것이다.

그동안 마오쩌둥은 맨 먼저 농촌에서 토지개혁을 통하여 지주를 없앴고 토지소유 불평등을 축소시켰다. 그리고 농업의 사회주의개조를 통하여 토지에 대한 사유권을 폐지하고 읍면단위를 하나로 묶어 집단적으로 농사짓게 하는 고급합작사를 만들었었다. 이제 한걸음 더 나아가 농촌을 인민공사라는 집단농장으로 만들고자 하였다. 이 인민공사는 농업에 함께 종사할 뿐만 아니라 공업·상업·교육 및 치안까지 자체적으로 통합 관리 운영하는 시스템으로 하나의 인민공사가 하나의 단위가 되었다. 그리하여 여기에 소속된 모든 농민은 사원(社員)이라고 칭하며 단일 계급으로 평준화되었다. 한 개 인민공사의 크기는 우리나라 군에 해당되는 현(縣)단위이며, 대략 30개정도의 고급합작사가 1개의 인민공사로 편성되었다. 그리고 그 밑에 향·진

(읍·면)단위는 생산대대(生産大隊)로 하고 각 마을(리)단위는 생산대(生産隊)로 하였다. 그 결과 중국의 행정체계는 인민공사체계로 재편성되었다. 이와 같이 1958년 시작된 농촌의 인민공사운동이 구체적인 형태를 갖추어갈 즈음 1960년부터는 도시지역에서 인민공사운동을 추진하였다. 일반적으로 하나의 직장을 하나의 인민공사 단위로 삼으면서 소위 단위제(單位制)라는 새로운 통합시스템이 만들어졌다. 큰 단위든 작은 단위든 단위인(單位人)들에게 필요한 것을 모두 갖추어서 하나의 생활공동체를 운영하였다.

이로써 도시에는 공인 1개 계급 그리고 농촌에도 1개 계급으로 구성된 사회주의 계급사회가 완성되었으며 사유제는 철폐되고 계획경제체제가 완성되어 자본주의적 요소가 사라진 마오쩌둥의 중국식 사회주의가 도래하는 것처럼 보였다.

그러나 마오쩌둥의 3면 홍기 운동은 경제면에서 순조롭지 못하였다. 3년 연속 홍수·가뭄 등 자연재해가 이어졌고, 인민공사에서 공동으로 생산하고 분배함으로써 농민들의 생산의욕이 저하되어 농업생산량은 급속히 감소하였다. 하지만 대약진을 달성하기 위해 설정한 생산목표가 과도하게 높아 공출하고 남은 것은 연명하기도 어려운 양이었다. 설상가상 소련의 경제원조까지 중단되었다. 더욱이 마오쩌둥의 출산장려정책으로 급속히 증가한 인구수는 식량문제를 더 심각하게 만들었다. 이러한 상황으로 인해 백성들은 굶주림에 시달리고 수많은 아사자가 발생하면서, 3면 홍기 운동은 경제적으로 대실패를 초래하였다.

마오쩌둥은 정치적으로 수세에 몰리게 되었다. 국방부장인 펑더화이(彭德懷)가 공개적으로 마오쩌둥의 정책집행에 대해 문제를 제기하였다. 인민공사 규모의 문제·군인 동원의 문제·불가능한 목표설정의 문제로 인해 3면 홍기 운동은 실패할 수밖에 없었으며 이 모든 책임은 마오쩌둥에 있음을 시사했다. 이렇게 불리한 상황에서 마오는 국가주석 직에서 사임할 것을 표명하였고 1959년 제2기 전국인민대표대회는 류샤오치(劉少奇)를 국가주석에 선출하였다.

마오쩌둥은 정치적으로 1보 후퇴를 하여 국면을 전환하고자 한 것이다.

국가주석에 오른 류샤오치는 경제 분야에 대한 재조정 정책을 추진하였다. 제일 먼저 손을 댄 것이 인민공사이다. 1960년 11월 '농촌 인민공사 당면문제에 관한 긴급지시'를 내렸다. 주요 내용은 인민공사가 현단위로 너무 커서 관리가 어려우므로 관리 단위를 생산대로 하향조정하는 것이었다. 각 마을단위로 통제 관리하므로 효율성이 높아졌다.

그리고 1961년 1월 공산당 8기 9중전회를 열어 '농촌 인민공사 공작조례(工作條例)'를 만들어 시행토록 하였다. 이 조례는 '3자1포(三自一包)제'라는 획기적인 정책을 도입하였다. 자류지(自留地) 즉 일부 자투리땅에서 가구별로 마음대로 농사를 짓고 수확물은 각 가구의 소유를 허용하고, 자유시장(自由市場) 즉 자류지에서 생산한 농산물을 자유롭게 거래하는 시장을 허용하며, 자부영휴(自負盈虧) 즉 자율적으로 농사지어서 이익이 나던 손해를 보던 각 가구가 책임을 진다는 것이 3자이다. 1포의 포산도호(包産到戶)는 인민공사가 소유하고 있는 농기구와 토지를 각 가구에 할당하여 관리 운영토록 하는 것이다. 이러한 제도는 자신들의 노동의 대가가 자신들에게 돌아오기 때문에 농민들의 생산의욕을 급격히 상승시켰다. 더욱이 집단영농에도 생산포상제를 도입하였는데, 농민들은 더 많은 경제적 혜택을 받기 위하여 자신들의 능력을 최대한 발휘함으로써 농업 생산성은 크게 향상되었다. 덩샤오핑(鄧小平)은 '노랑 고양이든 흰 고양이든 쥐만 잘 잡으면 된다'는 실용주의 사고로 능력과 효율을 강조하였다. 이에 전국적으로 농업이 급속히 발전하여 공업발전까지도 유도하게 되었다.

그러나 자유시장의 허용은 이제까지 마오쩌둥이 심혈을 기울여 소멸시켰던 사유재산이 재등장하고 빈부격차가 발생하였다. 마오쩌둥은 자본주의 요소의 부활로 사회주의 국가 건설이 후퇴한다고 생각하였다. 게다가 경제생활이 나아지면서 백성들이 류샤오치 · 덩샤오핑 등 경제개혁 세력들을 전폭적으로 지지하게 되자 자신의 정치적인 입지에 대해서도 위협을 느끼기 시작하였다.

이러한 위기를 극복하기 위하여 자신이 주석을 맡고 있는 공산당 차원에서 사회주의 교육운동도 진행하고 경제면에서 생산증대운동도 추진해 보았지만 경제 재조정 그룹들을 견제하기에는 역부족임을 깨달았다. 따라서 정부 수립 이래 줄곧 사용해왔던 운동형식으로는 자본주의 요소의 부활을 막을 수 없다는 판단하에 혁명 수준의 대반격을 준비하게 되었다.

3) 문화대혁명과 당내 정치권력 투쟁

마오쩌둥의 반격은 문화면에서 시작되었다.

소위 문화대혁명은 문화정풍(整風)에서 비롯되어 극렬한 정치투쟁으로 발전한 것으로 1966년부터 1976년까지 무려 10년간 지속된 정치적 동란이다. 야오원웬(姚文元)이 상하이에서 발간하는 원휘보(文匯報)에 베이징시 부시장인 우한(吳晗)이 쓴 '해서파관(海瑞罷官)'을 비판한 것이 발단이다. 그리고 당시 국방장관이던 린뱌오(林彪)가 "마오쩌둥사상의 위대한 홍기를 높이 들고 사회주의 문화대혁명에 참가하자"고 선동하는 글을 1966년 4월 18일자 지에팡쥔보(解放軍報) 사설에 실으면서 촉발되었다.

마오의 부인인 장칭(江青)의 주도 하에 류샤오치 계열의 권력 본부인 베이징시 수뇌부를 공격하여 시장 겸 공산당서기인 펑전(彭眞)을 물러나게 하였다. 이 여세를 몰아 마오쩌둥은 '조반유리(造反有理, 반격하는 데에는 다 이유가 있다)'라는 대자보를 본인이 직접 발표하고 '사령부를 공격하라'고 선동하면서 10대 청소년을 투쟁에 동원하였다. 이들이 홍위병(紅衛兵)으로 전통문화재를 파괴하고 지식인들을 비판하고 경제재조정에 동조했던 사람들을 주자파(走資派)로 몰아 비참한 지경에 처하게 하였다. 류샤오치는 감옥에서 병사했고, 덩샤오핑은 시골로 유배되었다. 유례가 없는 비이성적인 정치적 광란은 교육도 외교도 경제도 모두 정지시키고 오로지 마오사상 찬양에만 몰두하였다.

마오쩌둥은 다시 중국 정치에 유일한 권력자로 돌아왔다. 1969년 공산당 제9차 전국대표대회를 열어 제8차 전국대표대회에서 삭제되었던 마오쩌둥 사상 문구를 공산당 지도이념으로 당장에 재삽입하였다. 그후 그에 대한 신격화까지 추진되면서 정치적 야망은 충족되었다.

이제 맹목적 숭배자였던 홍위병들의 난동을 수습해야 했다. 이에 마오는 린뱌오로 하여금 군인들로 혁명위원회(革命委員會)를 조직하여 최고 권력기구로 활약하도록 하였다. 실권을 잡은 혁명위원회는 홍위병을 해산시키고 3년간의 혼돈사태를 수습하였다.

문화대혁명의 최대 수혜자는 마오쩌둥이며, 최고 공로자들은 장칭을 중심으로 한 소위 4인방(四人幇)과 린뱌오이다. 이들 간에 논공행상을 통한 세력다툼이 새로운 정치문제가 되었다. 마오쩌둥은 공산당 9전 대회에서 문혁 시작의 나팔을 불었고 혁명위원회로 문혁을 진정시키고 있는 린뱌오를 선택하여 자신의 후계자로 지명하고 공산당 부주석에 앉혔다. 그러나 린의 권력욕은 지나쳐서 류샤오치 실각으로 공석이 된 국가주석 자리까지 요구하였다가 거절당하자, 하루빨리 당주석이 되고 싶은 마음에 마오쩌둥 탑승열차를 폭파시킬 계획까지 세웠다. 이 엄청난 음모는 사전 발각되었고 망명하기 위해 소련으로 가던 중 비행기사고로 1971년 9월 사망한다.

린뱌오의 사망은 또 다른 당내 권력투쟁을 유발하였다. 제일 희망을 갖게 된 그룹은 문혁파 4인방이었다. 그러나 군대 조직과 정부 조직 뒤로 밀려나 있던 그룹들이 회생하는 상황이 발생하였다. 우선 공산당 중앙군사위원회의 인적구성이 바뀌었다. 린뱌오 심복 4명이 모두 숙청되고 혁명 노간부인 예젠잉(葉劍英)이 린의 자리였던 제1부주석에 올랐다. 정부 조직에는 덩샤오핑 계열의 리푸춘(李福春)과 천윈(陳雲)이 부총리에 올랐고, 1973년 4월에는 덩샤오핑이 부총리에 취임하는 엄청난 일이 일어났다.

이러한 정치적 상황변화는 1973년 8월에 개최된 공산당 제10차 전국대표대회에서 타협점을 찾아 일단 봉합되었다. 즉 공산당 중앙위원회를 노·중·청 세 그룹으로 구성하기로 하여, 문혁파의 젊은 층과 혁명 간부의 노인층 그리고 실용주의파를 균형 있게 포함시켰던 것이다. 하지만 문혁의 일등공신이라고 자처하는 4인방의 문혁파들은 여전히 이념투쟁에만 몰두하면서 새로이 회생한 덩샤오핑을 중심으로 한 실용주의파들을 용납할 수 없었다. 따라서 이 두 계파간의 미묘한 동행은 또 다른 불화의 불씨가 되었다.

그러나 이러한 내부 갈등은 1976년 한 해 동안 3명의 정치적 주요 인물들이 줄줄이 사망하면서 전혀 새로운 정치구도로 변화하였다.

2월에 정부수립부터 1976년까지 국무원 총리로 마오 옆을 지켰던 쥐언라이(周恩來)가 사망하였다. 쥐우는 사망이전에 벌써 문혁을 정리하고 경제발전으로 방향을 돌려야 한다고 판단하였다. 그리하여 1975년 제4기 전국인민대표대회에서 헌법 개정을 통해 4개현대화 즉 공업·농업·국방·과학기술의 현대화를 핵심과제로 확정하였다. 그리고 이 중대 과제를 수행하도록 실용주의 대표적 인물인 덩샤오핑을 제1부총리로 끌어 올려놓았다. 이에 힘입어 덩샤오핑은 공산당 부주석과 중앙군사위원회 부주석의 직책도 가지고 있었다. 정치적 동란에 지쳐서 쥐언라이의 정책에 희망을 걸었던 인민들은 그의 죽음에 대한 애도표시를 덩샤오핑에 대한 지지로 나타냈다. 천안문광장 나뭇가지에 수많은 '작은 병(小瓶, 샤오핑)'을 매달았던 것이다. 이 행동은 아직 굳건한 권력기반을 다지지 못한 덩샤오핑을 실각하게 만들고, 예상치도 못한 인물을 등장시켰다. 마오쩌둥이 마오사상의 맹신적 추종자인 화궈펑(華國峰)을 후계자로 지명한 것이다. 그는 일약 출세하여 쥐언라이를 이어 국무원 총리서리가 되고 중국공산당 부주직도 맡아 보수 이념주의로 돌아가려고 노력하였다.

그리고 7월에는 홍군의 창시자이자 혁명군사 지도자인 주더(朱德)가 사망하고, 9월에는 마오쩌둥도 사망하였다. 일인 최고 통치자 마오가 죽자 그의 후광으로 득세하였던 4인방이 10월 체포되면서 문혁세력의 시대는 막을 내렸다. 최종적으로, 아이러니하게도 최고 권력을 향해 돌진하던 그룹 장칭과 린뱌오는 몰락하고, 새 인물 화궈펑이 마오쩌둥의 후계자가 되었다.

이로써 마오쩌둥의 정치는 일단락되었다. 그는 1921년 공산당 창당 멤버로 참여하여 1935년 쭌의회의에서 혁명군사노선이 인정되면서 두각을 나타내기 시작하였다. 그 후 옌안시기에는 명실상부한 공산당의 정치지도자로 자리를 굳혀 일본과의 항일전과 국민당과의 내전을 치루었다. 이 전쟁의 승리로 1949년 중화인민공화국의 수립을 이끈 공산당 1인 권력자 마오쩌둥은 1976년 죽을 때까지 당권력과 정부권력 그리고 군사권력까지 모두 장악하고 통치하였다.

그의 정치사에는 과오도 있었지만 성과도 적지 않았다. 가장 큰 성과는 공산당 권위체계를 확립하여 난공불락의 정치집단으로 만들었다는 것이다. 공산당이 모든 면을 지도 감독하도록 한 '당영도일체(黨領導一切)'원칙은 그가 진행한 수많은 대중운동이 인민과 당원을 효율적으로 통제하는 메커니즘으로 작용하도록 하여, 당과 국가 일체 시스템을 구축해 놓았다.

3. 덩샤오핑(鄧小平)의 정치

1) 정치적 입지 확립

덩샤오핑은 3번의 정치 풍파를 겪고서 또 다시 복귀하는 불사조정신을 보여 주였다. 1977년 7월 공산당 10기 3중전회에서 덩샤오핑은 공산당 부주석과 중앙군사위원회 부주석 자리를 다시 차지한 것이다. 그리고 8월에 개최된 공산당 제11차 전국대표대회에서 5명의 정치국 상무위원명단에 이름을 올려 화궈펑·예젠잉 다음 당내 서열 3위에 올랐다. 11전대회는 화궈펑을 당 주석 겸 군사위원회주석에 공식 선출하였으며, 4인방의 당적을 박탈하고 문혁의 종결을 공식적으로 선언하였다. 아울러 4개 현대화 건설을 강력히 추진한다는 것을 천명하며 덩샤오핑의 역할이 부각되었다. 따라서 공산당은 이념면에서는 보수가 경제면에서는 진보가 병존하는 모양새가 되었다.

덩샤오핑은 이제 마오쩌둥사상에 얽매어 있는 화궈펑을 정리하는 엄중한 과제를 해결해야 했다. 우선 화궈펑의 '양개범시론(兩個凡是論)' 즉 마오쩌뚱이 할 말은 모두 옳고 마오쩌둥이 결정한 것은 모두 옳다는 주장을 반박할 수 있는 이론으로 '진리표준론(眞理標準論)'을 제시하였다. 진리표준론 즉 진리인지의 여부는 실천을 통해서만 검증할 수 있다는 이론으로 화궈펑의 맹목적 추종주의를 비판하면서 실용주의를 강조하고 나섰다. 이 논쟁은 1978년 11월 10일부터 12월 15일까지 사전업무회의 형식으로 진행된 화궈펑 경제계획 정책 논의 과정에서 불붙었다. 불꽃티는 공방 끝에 내린 결론은 '사상에서 해방되어 실사구시의 자세로 일치단결하여 미래를 내다보자'는 것이었다. 덩샤오핑의 견해가 채택된 것이다.

이와 같이 주도권을 잡은 후, 12월 18일 역사적인 공산당 11기 3중전회를 개최하였다. 덩샤오핑은 중국이 정책방향을 바꾸어야 하는 이유를 명쾌히 설명하였다. 주요모순이 변화하였다는 것이다. 마오시기에는 '프롤레타리아계급과 부르주아계급간의 모순'이 주요모순이었기 때문에 계급투쟁을 해야 하였지만, 이제는 주요모순이 '인민의 나날이 증가하는 물질적·문화적 요구와 중국의 낙후한 경제수준간의 모순'이므로 경제발전에 몰두해야한다는 논리를 폈다. 따라서 대중적 계급투쟁을 중지하고 사회주의 이데올로기의 굴레에서 벗어나서 경제발전을 도모할 수 있는 개혁을 단행하고 세계를 향해 문호를 열어야 한다는 것이다.

덩샤오핑은 자신의 구상인 개혁개방 정책을 도입하고 후야오방(胡耀邦) 등 자신의 사람들을 대거 기용하며 중국 현대정치 제2막의 주인공이 되었다.

2) 정치체제의 정비와 사회주의 법제 건설

덩샤오핑이 경제발전 위주의 정치를 하기 위해서는 마오쩌둥 같이 계급투쟁을 주로 삼는 정치와는 상이한 신 이론과 법제 그리고 이에 상응하는 정치체제를 마련해야 했다. 1960년대 초 경제재조정 시기에 경험했듯이, 능력과 효율위주의 경제행위는 사유재산과 불평등을 초래할 것이다. 이와 같은 생각을 갖고 그렇게 행동했었던 사람들이 주자파로 몰려 비판투쟁을 당했던 문화대혁명이 종결된 지 채 2년도

되지 않은 상황에서, 자본주의 국가에 문호를 개방하고 인민공사제도 폐지를 검토하는 것은 엄청난 도전이었다.

따라서 자본주의적 요소가 재현되더라도 경제발전을 최우선으로 해야 할 수밖에 없는 당위성과 절박성을 인식시킬 이유와 이론을 만들어야 했다. 그리고 이 경제발전을 성공적으로 이룩하기 위해서는 공산당과 정부 등 국가기구들의 조직 개편과 기능 및 역할의 변화도 필요하며 새로운 경제정책 집행을 지원할 법과 제도의 정비도 요구되었다.

덩샤오핑은 1982년 9월 개최한 공산당 제12차 전국대표대회 개막사에서 방향을 제시하였다. 그는 '중국의 현대화 건설은 중국의 실제 상황에서 출발하고, 마르크스주의의 보편적인 진리와 중국의 구체적인 현실을 결합시켜 자신의 길을 만들어 중국의 특색을 지닌 사회주의를 건설해야만 한다'고 역설하였다. 이렇게 '중국특색 사회주의'라는 용어가 탄생하여 덩샤오핑 정치의 대명사가 되었다.

덩의 개막사에 이어 진행된 후야오방의 정치보고는 현대화건설을 전면적으로 추진하기 위한 방안을 담고 있었다. 두 정치지도자의 발표내용을 근간으로 하여 공산당 당장을 대폭적으로 개정하였다. 가장 중요한 조항은 집단지도체제 규정을 도입하면서 당주석제를 폐지하고 총서기제를 부활시켰다는 것이다. 그 외의 주요내용은 계급투쟁 중요성관련 조항을 삭제하고, 공산당이 프롤레타리아 정당이라는 자구를 전체 인민의 정당으로 수정하였으며, 공산당 입당자격에 지식인을 추가하였으며, 공산당이 모든 것을 영도한다는 조항을 공산당은 정치와 사상 및 조직 부문에 대해서만 영도한다고 수정한 것이다. 이외에도 당·정분리를 시행한다는 조항과 종신제를 폐지하여 임기제를 도입한다는 조항을 추가하였다. 종합적으로 보면, 중국

공산당의 체질을 개선한 것이다. 그리고 12기 1중전회에서 새로운 당 지도부를 구성하였는데, 총서기에 후야오방, 군사위원회주석에 덩샤오핑이 선출되고, 예젠잉·자오츠양(趙紫陽)·리센넨(李先念)·천윈을 포함하여 6명으로 정치국 상무위원회를 구성하였다.

이상의 내용들이 의미하는 바는 크다. 당주석제의 폐지는 마오쩌둥이 당 권력을 독점하여 무소불위의 일인독재를 했던 병폐를 없애기 위함이다. 그 대신 총서기제를 부활하여 집단지도체제를 도입한 것이다. 덩샤오핑은 이를 몸소 실천한다는 의미에서, 자신의 오른팔 후야요방을 당 총서기에 앉히고 본인은 당 중앙군사위원회 주석으로 군권만 차지하면서 표면상으로는 집단지도체제를 형성하였다. 또한 당정분리를 규정하여 그동안 당서기가 행정권한까지 보유하여 권력이 일인에게 집중되어 있던 현상을 개선코자 하였다. 또 하나 주목할 만한 것은 마오쩌둥이 사회의 기생충이라고까지 비하했던 지식인에게 공산당 입당 자격을 부여한 점이다. 덩은 "정신노동도 노동이다"라는 명쾌한 개념정의로 지식인을 노동자계급으로 인정하여 9등급에서 1등급으로 수직 상승시켜 줌으로써 사회주의 경제건설의 주역으로 활용하고자 하였다.

아울러 공산당 제도에 대한 보완도 이루어졌다. 공산당 전국대표대회를 매 5년마다 개최하기로 하였다. 1921년 공산당 창당 시 1년마다 개최한다고 당장에 명기하였으나 1976년 마오쩌둥 사망할 때까지 10번 열렸었다. 이와 같이 전국대표대회를 정례화한 것은 당의 주요사항을 회의에서 결정하겠다는 것이다. 이 역시 마오쩌둥이 최고결정권자로 전횡한 폐단을 고치겠다는 의도이다. 전국대표대회가 명목상 당의 최고 권력기구라면 당의 실질적인 권력기구는 정치국 상무위원회이다. 이 위원은 중앙위원회에서 선출하며 그 위원 수는 5-9

명으로 하기로 하였다. 다음으로 언급해야할 기구는 중앙고문위원회를 신설한 것이다. 이 위원회는 당 중앙위원회의 자문기구로 1982년부터 1992년까지 10년간 한시적으로 활동하는 조직으로 생겨났다. 그 구성은 40년 이상 공산당 당원이었던 사람과 공로표창을 받은 당원 172명으로 하였으며 덩샤오핑이 주석을 맡았다. 당원의 세대교체를 위한 조치였다.

1982년 국가의 기본법인 헌법도 개혁개방에 상응하도록 개정되었다. 1954년 헌법이 제정된 이후 1975년과 1978년에 일부 개정되기는 하였으나, 이번에는 공산당 12전 대회에서 결정된 사항을 대폭 반영하여 전면적으로 개정하였다. 헌법은 국가의 기본법이며 최고법이라고 규정하여 헌법우선주의를 확립코자 하였고, 인민은 공산당영도를 지지할 의무가 있다는 조항을 삭제하였으며, 프롤레타리아 독재국가라는 표현을 인민민주독재국가로 수정하여 새로운 부르주아 성격의 계급이 나타날 것에 대비하였다. 무엇보다 더 중요한 내용은 경제발전을 국가의 목표라고 명시하고 개체경제를 합법화하고 사유재산을 허용한다는 조항을 신설한 것이다. 이 조항의 신설은 개혁개방 정책의 핵심인 시장경제체제 도입을 법적으로 보장해주었다는데 큰 의의가 있다. 이 외에 공민의 기본권 보장에 관한 조항도 추가되었다.

다음으로 국가기구에 대한 재정비도 진행되었다. 크게 4가지 조치를 들 수 있다. 하나는 입법기구인 전국인민대표대회가 국가 최고 권력기관으로서의 기능을 명실상부하게 행사하도록 위상을 높여준 것이다. 다른 하나는 국가주석제를 부활시킨 것이다. 1954년 국가 원수 직책으로 도입되어 1959년까지 마오쩌둥이 맡았다가 삼면홍기 운동 실패의 책임을 지고 류샤오치에게 넘겨주었다, 그 후 류샤오치가 문혁 투쟁대상이 되어 물러나면서 1975년까지 공석이었다가 폐지되었었다. 이 자리를 다시 만들어 전국 인민대표대회에서 리셴넨을 선출하여 임명하였다.

또 다른 하나는 국가중앙군사위원회를 신설한 것이다. 중국은 특이하게도 공산당 중앙군사위원회의 주석이 군통수권을 갖는다. 국가원수인 국가주석도 아니고 일 개 당에서 국가의 군대를 통솔하고 있다. 이러한 불합리한 현상을 보완한다는 취지에서 국가중앙군사위원회를 만들었다. 그러나 두 위원회의 인적구성이 동일할 뿐만 아니라 더욱이 공산당에서 당 군사위원회를 먼저 구성하고 나서 국가군사위원회 직책을 똑같이 겸직하도록 함으로써 공산당이 국가군대를 통수하는 상황은 변하지 않았다. 끝으로 국무원에 대규모 조직개편이 이루어졌다. 행정 효율성을 높인다는 취지 아래 100여 개의 조직을 61개로 축소하고 종사자를 5만 1천여 명에서 3만 명 정도로 감축하였다.

1982년에는 행정체계에 대한 조정도 불가피하였다. 그해 인민공사를 폐지하고 '가정연산승포책임제(家政聯産承包責任制)'를 도입하는 정책이 공식적으로 발표되었다. 따라서 인민공사시기 생산대-생산대대-인민공사의 행정체계가 대약진이전의 4급 행정 시스템으로 회귀하게 되었다. 즉 향진-현-성-중앙에 각각 인민정부와 인민대표대회를 구성하는 시스템으로 복원되었다. 이제 농촌에서는 더 이상 집체소유의 농토에서 공동으로 노동하고 배급받는 생활을 하지 않고, 각 가정별로 불하받은 농토에서 자신들이 영농방식을 결정하여 경영하고 수확물을 자유롭게 거래하였다. 농촌내 집단농장은 해체 되었다. 그리하여 도시의 단위제도 붕괴되기 시작하였다.

이와 같이 행정체계가 복원된 후, 덩샤오핑은 지방자치제를 시행하였다. 덩은 중국의 넓은 영토를 동시에 발전시키기는 어렵다는 판단 하에, 지방에 재정자치권·경제투자유치 자율권·국영기업 관리권과 지방성 입법권 등을 이양하여 자체적으로 경제발전 계획을 수립하여 성장을 도모하도록 하였다. 물론 공산당과 상급 행정기관의 관리 감독이 모두 없어진 것은 아니지만 각 지방조직들은 창의적으로 경제활동을 할 수 있는 기회를 최대한 활용하였다.

이상에서 본 바와 같이, 1982년은 덩샤오핑 스타일 정치를 추진할 수 있도록 각 분야에서 준비한 해였다. 이러한 가시적인 개혁을 추진하는 이면에서는 중국특색 사회주의를 이론화하는 작업이 면밀히 진행되고 있었다. 그것이 바로 '사회주의 초급단계론(初級段階論)'이다.

덩샤오핑은 '중국은 아직도 사회주의 초급단계에 놓여 있다'고 하였다.

마르크스에 의하면, 사회주의 사회는 자본주의 사회에서 공산주의 사회로 넘어가는 중간단계이다. 즉 자본주의 사회에서 프롤레타리아 계급이 혁명을 일으켜 부르주아 계급을 소멸시킴으로써 공산주의 사회를 만드는데 일시에 달성할 수 없어 사회주의 사회 단계를 거친다는 것이다. 이 중간단계 역시 초급단계와 고급단계로 나뉘는데, 초급단계에서는 자본주의 요소가 존재하므로 이를 소멸시키는 데에 힘쓴다. 그 결과 사유제 폐지와 계급평준화가 달성되면 고급단계로 발전하여 일한 만큼 분배받는 생활을 하게 된다. 이 논리에 따라 마오쩌둥은 1958년 사회주의 고급단계에 진입한다고 선언하였던 것이다.

그러나 각종 경제정책의 실패로 인민들은 빈곤에 허덕이며 일한만큼 분배받지 못하고 있었다. 덩샤오핑은 '빈곤은 사회주의가 아니다'라고 외치며 지난 30년간의 노력에도 불구하고 중국은 사회주의 초급단계에 머물러 있다는 것이다. 덩은 이러한 낙후의 책임을 마오쩌

등에게 돌리지 않고 중국의 특수한 실정에서 찾았다. 중국은 자본주의 사회에서 혁명을 이룩한 것이 아니고 반(半)봉건·반(半)식민 사회에서 혁명을 하였으며, 높은 문맹율과 과다한 인구로 미국·영국 등 선진국을 단시간에 추월할 수가 없었다는 것이다. 그러므로 경제발전을 최우선과제로 삼아야한다는 당위성을 제공하며, '하나의 중심 2개의 기본 점(一個中心·兩個基本點)'이라는 정책방향을 제시하였다. 즉 경제발전을 하나의 중심으로 추진할 때 개혁개방과 4개항의 기본원칙 준수를 나란히 기본점으로 삼아야 한다는 것이다. 이는 개혁개방을 통해 경제발전을 이루지만 정치적으로는 공산당이 최고 권력기관으로 앞에서 영도해나가는 사회주의 노선을 고수하겠다는 의미이다.

이리하여 덩샤오핑은 경제발전으로 주요모순을 해결하는 이론과 방법을 제시하고, 이를 뒷받침할 법과 제도를 개선 보완하여 앞을 향해 무섭게 돌진해 나갔다. 전대미문의 경제성장률을 기록하며 자본주의 사회의 경제요소들이 속속 출현하게 되었다. 그러나 사회주의 초급단계이기 때문에 용인되고 오히려 장려되었다.

3) 정치적 위기와 대 반전

(1) 천안문(天安門)사건

덩샤오핑의 개혁개방으로 경제면에서는 급속한 성장세를 보여 인민들이 굶주림에서 벗어나고 있었다. 그러나 사회면에서는 새로운 갈등과 모순이 발생하면서 불만이 증대되고 정치민주화에 대한 요구로 이어졌다. 즉 경제형태가 다양화하고 사회유동인구가 증가하고 개인경제 영역이 확대되면서 계층 간·지역 간 불균형 역시 심해졌다. 이러한 부작용은 공산당 정책에 문제가 있으므로 민주적 방식으로 해결해야 한다는 분위기가 무르익어 갔다. 게다가 이웃 국가 소련이 고르바초프 집권이후 공산당 1당제 폐지, 언론 자유의 확대 등 정치민주화를 시행한다는 소식은 이러한 분위기를 더욱 상승시켰다.

1986년 12월 9일, 안후이(安徽)성 허페이(合肥)과학기술대학의 부총장 팡리즈(方勵之)가 정치민주화를 촉구하였고 12월 12일에는 베이징대학에서 다수의 지식인 학생이 집회를 가졌다. 이러한 추세는 확산되어 나갔는데, 당시 당 총서기인 후야오방은 이러한 요구에 동조적이었다. 덩샤오핑은 경제발전을 저해할 수 있는 정치적 움직임을 조기에 차단하기 위해, 1987년 1월 자신의 심복인 후야오방을 실각시키고 자오츠양을 기용하였다.

그리고는 원래의 계획대로 경제개혁을 밀어 붙이면서, 같은 해 10월 공산당 제13차 전국대표대회를 개최하였다. 덩샤오핑은 개막사에서 중단 없는 개혁의 가속화와 심화를 주장하였다. 뒤이어 자오츠양은 '중국특색사회주의 길을 따라 전진하자'라는 제목의 정치보고를 통해 덩샤오핑의 이론을 공식화하였다. 당장에 사회주의 초급단계론을 명시하고, 초급단계에서 3단계로 발전해 나간다는 '3보주전략(三步走戰略)'을 내놓았다. 즉 1단계는 1981년부터 1990년까지로 빈곤문제를 해결하고, 1991년부터 20세기 말까지 2단계에서는 중산층 생활수준인 '샤오캉(小康)'을 달성하기 위해 노력하고, 3단계인 2001년부터 21세기 중엽까지 비교적 부유한 사회를 만들자는 전략이다.

이외에 간부인사제도를 개선하고 중앙의 권력을 지방으로 대폭 이양하겠다는 정책방향도 제시하였다. 대회 종료 다음날인 11월 2일 1중전회에서 자오츠양이 총서기에 선출되었고, 덩샤오핑은 상임위원직도 반납하고 중앙고문위원회 주석직도 천윈에게 양보하고 중앙군사위원회 주석직 하나만 유지하였다. 그러나 이것이 덩샤오핑 권력의 축소를 의미하는 것은 아니다. 오히려 그는, 후야오방의 퇴출을 감행했듯이, 인물을 적재적소에 배치하는 인사권을 독점하고 막후의 실력자로써 더 강한 영향력을 발휘하였다.

이상과 같은 조치에도 불구하고 정치민주화 물결은 더욱 거세져 갔다. 1989년 4월 15일 진보적 성향으로 쫓겨났던 후야오방이 돌연 사망하자 시작된 그의 추모행렬은 점점 민주화물결로 확산되어 한 달여간 계속 이어졌다. 5월에는 당 총서기 자오츠양 역시 시위 군중을 위로하고 격려하는 동조적 태도를 취하면서 시위군중이 100만 명을 돌파하였다. 중국 공산당 수뇌부는 결국 강경대응하기로 결정하였다. 5월 18일 베이징시에 계엄령을 선포하였고, 19일에는 자오츠양을 가택연금하고 마침내 6월 4일 탱크부대를 동원하여 유혈진압하기에 이른다. 정치적 민주화 물결은 마침내 역사적 비극으로 종료되었다. 중국 공산당의 유혈진압은 국내외적으로 엄청난 비난을 초래하였고, 서방국가들은 인권탄압으로 간주하고 속속 교류를 중단하였으며 국내 모든 상황은 꽁꽁 얼어붙었다.

(2) '남순강화(南巡講話)' 발표와 사회주의 시장경제 확립

덩샤오핑의 고민은 깊어 갔다. 경제개혁을 계속 추진해 나가야 할지 아니면 정치민주화의 요구를 수용하며 잠시 숨고르기를 해야 할지 결정해야한 했다. 1991년 12월 그는 생각을 정리하고자 연해지역 4개 경제특구를 시찰하였다. 그리고 1992년 1월에 내린 결론은 더 빠르고 더 폭넓게 자본주의 경제의 장점을 받아들여 경제도약을 이루어야 한다는 것이었다. 그는 이러한 생각을 정리하여 소위 '남순강화'라는 담화문을 발표하였는데, 정치적 위기에서 벗어나게 한 중요문

서가 되었다. 그는 아픈 상처인 천안문 사건은 정돈하고, 다시는 계급투쟁의 과오를 범하지 말고, 오직 시장경제체제를 전면적으로 도입하고 과학기술을 발전시켜 경제발전을 이루자고 호소하였다. 자본주의 경제 요소를 받아들일 때 자본주의가 더 심화할 것이라는 우려 혹은 사회주의에 적합한 것인지 고민도 미리 하지말고 받아들여 중국 경제 발전에 도움이 되면 그대로 인정하자고 설득하였다. 이는 사회주의 이념이 오염되고 있다는 보수파들의 비판을 잠재우고 더 이상 이념논쟁에 신경 쓰지 않겠다는 준엄한 경고이었다.

이러한 그의 남순강화 구상은 1992년 10월의 공산당 제14차 전국대표대회에서 강령에 구체화되었으며 1993년 헌법 개정을 통해 법제화되었다.

14전대회 정치보고서는 장쩌민이 발표하였다. 장쩌민은 1989년 6월 23일 중국공산당이 13기 4중전회를 열어 자오츠양을 공식해임하면서 발탁된 인물이다. 물론 덩샤오핑이 당시 상하이시 시장인 장쩌민(江澤民)을 총 서기서리로 선택하였다. 그리고 같은 해 11월 열린 5중전회에서는 덩샤오핑이 가지고 있던 당 중앙군사위원회 주석 자리까지 건네주어 군권도 쥐게 하였다. 이렇게 덩샤오핑의 신임을 한 몸에 받게 된 장쩌민이 그의 구상을 구체화시킨 것은 당연한 일이다. 그는 정치보고에서 덩샤오핑의 중국특색 사회주의 이론을 모토로 하여 개혁개방과 현대화 건설에 더욱더 박차를 가하자고 제안하였다. 특히 덩샤오핑의 중국특색 사회주의 이론의 입지를 강화하자고 주장한 점은 주목할 만하다.

14전대회에서 설정한 경제체제개혁의 목표는 사회주의 시장경제체제를 건립하는 것이었다. 일반적으로 시장경제체제는 자본주의 전유물이고 사회주의는 계획경제체제라고 알고 있다. 덩샤오핑은 남순강화에서 자본주의에도 계획경제요소가 있고 사회주의에도 시장경제요소가 있으므로, 전유물 개념은 잘못된 것이라고 하였다. 따라서 사회주의가 계획경제의 기조 위에 자본주의 시장경제 요소를 접목시켜 경제발전을 이루면 자본주의 경제력을 능가할 수 있다는 것이다. 이것이 바로 사회주의 시장경제체제이다. 이를 통해 중국은 서구 선진국을 앞서는 경제대국이 될 수 있다고 역설하였다.

1993년 이루어진 헌법 개정은 사회주의 시장경제 정책을 추진할 내용을 반영하여 만들어졌다. 헌법 서문에 '중국은 사회주의 초급단계에 놓여 있다'고 명기하였고 국가는 사회주의 시장경제를 실행한다는 조항을 신설하였다. 그 외에 주요 개정 내용을 살펴보면, 국영(國營)경제를 국유(國有)경제로 변경하여 소유와 경영을 분리하였으며, 국유기업에게 자주경영권을 부여하였고, 집체경제조직의 자주 독립권도 보장하였다. 또한 농촌인민공사를 가정연산승포책임제로 변경한다고 개정하여 이미 시행중인 정책을 현실화하였으며, 공산당 영도하의 '다당협력제(多黨協力制) 규정을 삽입하여 정치민주화 요구를 일부 반영하기도 하였다.

이상과 같이 남순강화 발표이후 더욱 박차를 가하기 시작한 경제개혁 정책과 그 실행은 중국에 눈부신 경제발전을 가져왔다. 매년 10%이상의 경제성장률은 인민을 안정시켜 정치적 동요도 진정되었다. 덩샤오핑은 경제발전 성과를 내세워 정치민주화 요구를 침묵시키는 개발독재 스타일의 신 권위주의 정치행태를 보여주었다. 그는 경제발전을 위해 정치민주화에 동조한 후야오방과 자오츠양을 버렸던 것이다. 덩샤오핑 자신은 '개혁개방의 총설계사'로 추앙받으며 막후 조정자로써 사망 시까지 실질적인 최고 권력자로 중국정치를 좌지우지하였다.

4. 덩샤오핑 이후의 중국정치

1) 장쩌민(江澤民)의 정치

장쩌민은 1989년 6월 천안문사건 직후 총서기 서리로 출발하여 1992년 공산당 14전대회에서 공식적으로 총서기에 선출되고, 1989년 11월 당 군사위원회 주석서리가 되어 역시 14전대회에서 서리 칭호를 떼었으며, 1993년 3월 제8기 전국인민대표대회에서 국가주석에 선출되었다. 그리하여 당권 군권에 정권까지 차지하게 되었다. 그러나 그가 명실공히 1인자로써 자신의 정치스타일로 정치를 한 것은 1997년 2월 덩샤오핑이 사망한 이후라 할 수 있다.

장쩌민은 1997년 9월 공산당 제15차 전국대표대회를 베이징에서 개최하여 자신이 정치보고를 하였다. 그는 '덩샤오핑 이론의 위대한 기치를 들고 중국특색 사회주의건설 사업을 21세기에 전면적으로 발전시키자'라는 긴 제목의 보고서에서 덩샤오핑을 극도로 찬양하였다. 덩 이론의 역사적 중요성과 우월성을 역설하며, 그의 계승자로써 공산당과 중국을 이끌어가겠다는 포부를 보여주었다. 그리하여 덩샤오핑 이론은 공산당 당장에 지도이념으로 삽입되었다. 즉 '중국공산당은 마르크스레닌주의·마오쩌둥 사상·덩샤오핑 이론을 자신의 지도이념으로 삼는다'고 명기함으로써, 덩샤오핑을 마오쩌둥과 같은 반열에 올려놓았다.

장쩌민은 15전대회에서 향후 5년간의 정책 방향을 제시하였는데, 하나는 비공유제(非公有制) 경제요소의 중요성을 인식하고 확대 발전시키겠다는 것이며, 다른 하나는 법·제도를 완성하여 사회주의 법치국가를 만들겠다는 것이다. 1992년 이후 사회주의 시장경제체제가 전면적으로 도입되면서 사유제 이외에도 사유제와 공유제가 혼합된 다양한 형태의 소유제 구조가 출현하고 있어 이를 포괄적으로 비공유제로 칭하였다. 이러한 조치는 기존의 그리고 향후 생성될 여러 형태의 소유제 형태를 모두 인정함으로써, 경제활동의 다양성을 보장하기 위한 것이었다. 이보다 더 중요한 것은 법치를 역설한 것이다. 마오쩌둥 이래 중국은 인치 즉 사람에 의하여 통치되어 왔다. 이러한 정치전통을 개선하고자 장쩌민은 실제로 치안과 경제에 관한 입법에 많은 힘을 쏟았다.

15전대회 다음날인 9월 19일 15기 1중전회에서 공산당 정치국 상무위원 7명이 선출되었다. 이 명단에는 총서기인 장쩌민 외에 덩샤오핑이 다음 후계자로 천거한 후진타오의 이름이 들어있었다. 이로써 장쩌민은 덩샤오핑 정책 승계자로써 정치무대에 안착하였으며 자신의 정치입지를 공고히 하였다.

장쩌민은 이제 자신의 정치이념을 정립해야했다. 1999년 부패 척결을 시작하면서 '3강(三講) 운동'과 연계하였다. 즉 '(講學習·講政治·講正氣) 학습을 논하고, 정치를 논하고, 바른 기풍을 논하자'는 것으로 1년여 동안 지속하였다. 이 논의 과정에서 문제가 발견된 공산당원이나 관료들은 비판을 받고 사회주의 이념교육을 수행하였는데, 새로운 형식의 정풍운동이라 할 수 있다. 이와 같이 사회분위기를 쇄신하면서 중국 공산당의 역할에 대해서도 새로운 견해를 밝혔다.

장쩌민이 2002년 2월 광뚱성을 시찰하면서 공산당이 3가지를 대표해야 한다고 말한 것이 '3개 대표론'으로 발전하여 그의 핵심 이론이 되었다. 중국공산당은 우선 선진 사회생산력 발전요구를 대표해야 한다. 중국이 자본주의 선진국을 능가하는 경제발전을 이루기 위해서는 선진국의 경제우수성을 과감히 도입하고 생산력 제고에 능력을 발휘할 수 있는 신흥 자본가들의 역할을 장려해야 한다는 것이다. 공산당은 또한 선진문화의 전진 방향을 대표해야 한다. 공산당은 마르크스 레닌주의·마오쩌둥 사상·덩샤오핑 이론 이외에도 애국심과 공동체의식 그리고 중화민족 문화 전통 중에서 우수한 면을 대표하자는 것이다. 이는 마오시기에 전통사상과 관습을 부정하고 공자사상을 비판했던 상황에 비추어보면, 대단한 생각의 전환이라 할 수 있다. 이로써 중국에는 다시 공자가 부활하고 유가사상을 높이 평가하게 되었다. 공산당은 그리고 또 최다 인민의 이익을 대표해야 한다. 공산당은 이전에는 프롤레타리아 즉 노동자·농민의 이익만 대표하였으나, 이제는 다른 계층의 이익도 보호해주자는 것이다. 이는 주로 개혁개방이후 출현한 부르주아 성격의 사영기업주들의 이익도 대표하자는 의미이다. 이 3개 대표론은 당정 간부들의 핵심 학습 내용이 되어, 1년 동안 전국에서 기관별·직급별로 학습이 진행되었다.

이와 같이 공산당의 역할을 새로운 정치상황에 맞도록 변화시켜야 하므로, 공산당의 성격도 바꾸어야 했다. 장쩌민은 중국공산당 창당 80주년이 되는 2001년 주요한 '7·1담화'를 발표하였다. 중국공산당은 1921년 사회주의 혁명을 하기 위해 창당되어 그 목표를 완수하고 성공적으로 사회주의 국가를 건설하였으므로 이제는 더이상 혁명당이 아니다. 즉 집권당이다. 따라서 공산당은 당내 인사제도와 간부제도를 개선하고, 행정조직 관리시스템을 개선하였다. 주요 정책으로 공무원 임용 시험제를 도입하고 성과승진제를 도입하였다.

장쩌민은 1992년부터 2002년까지 전반부는 덩샤오핑 밑에서 후반부는 독자적으로 공산당을 이끌며 정치를 하였는데, 경제발전이 지속적으로 고 성장세를 이어가면서 정치적으로 안정세를 유지하였다. 정치가 비교적 안정되었다고 하여 정치 민주화가 진행된 것은 아니며 파룬궁 탄압 등 사회 불안요소도 있었다. 그러나, 법과 제도 정비면에서 비교적 성과를 보이면서 장쩌민 시기 정치는 중국이 세계적인 영향력을 지닌 강국으로 발돋움하는데 기여하였다.

2) 후진타오(胡錦濤)의 정치

후진타오는 1997년 공산당 정치국 상무위원이 된 후 2002년 당 총서기에 취임하여 2012년까지 10년 간 중국의 정치를 이끈 제4세대 인물이다. 그는 장쩌민 밑에서 온화한 리더의 이미지를 보이며 자신의 시대를 기다렸다. 2002년 11월 6600여만 당원을 대표한 2134명의 대표가 베이징에서 공산당 제16차 전국대표대회를 열었다. 이 대회에는 소위 선진생산력을 견인하고 있는 기업가나 금융계 거물들이 대표로 참석하여 시대의 변화를 실감케 하였다.

후진타오가 발표한 정치보고는 장쩌민의 3개 대표론의 우수성과 공로를 높이 평가하였으며, 공산당 성격변화의 당위성과 방향을 제시하였다. 이어서 진행된 당장개정은 3가지 면에서 정치보고의 주요한 내용을 반영하였다. 하나는 장쩌민의 3개 대표론을 공산당 지도이념에 추가한 것이다. 앞의 3개의 지도이념이 마오쩌둥·덩샤오핑같이 인명을 기록한 것과 달리 장쩌민 호칭은 생략되고 '3개 대표론'이라고 표기하였다. 두 번째는 당의 성격에 관한 개정내용이다. 당장총강의 '중국공산당은 공인계급의 선봉대이다'가 '공산당은 중국인민과 중화민족의 선봉대이다'라고 개정되어 소수계급 정당에서 국민정당으로 탈바꿈하였다. 세 번째 개정은 입당자격에 관한 조항이다. 제1조 당원자격이 '노동자·농민·군인 및 지식인'이었던 것에 '기타사회계층의 선진인'을 추가하였다. 1982년 12전대회에서 지식인이 들어갔고 이번에는 사영기업주 등 새로운 신흥그룹들이 포함되었다. 국가 발전 추세에 따라 공산당이 필요로 하고 경제발전에 도움이 되는 그룹을 영입함으로써 국민정당으로 거듭나겠다는 의지를 보이는 것으로 주요한 의의를 가진다.

2002년 11월 15일 16기 1중전회에서 발표된 공산당 수뇌부 구성 상황은 몇 가지 면에서 중용한 의미가 있다. 우선 후진타오가 당 총서기에 선출되었으나, 당 군사위원회 주석에 장쩌민이 유임되면서 후의 정치력에 한계가 있음을 보여주었다. 다음으로 정치국 상무위원이 새로운 인물들로 구성되어 세대교체를 시도하였다. 또 하나는 공산주의청년단(共産主義青年團)의 약진이 예고되었다. 후진타오가 공천단 출신으로 자신의 입지를 공고히 하기 위해서 필요했을 것이다.

이리하여 후진타오 정치가 시작되었지만, 당내에 폭 넓은 지지 세력을 갖고 있지 못한 그가 집단지도체제를 효율적으로 운용하며 출범과 동시에 일인자의 역할을 발휘하기는 쉽지 않았다. 2003년 국가주석에 선출되고, 2004년 16기 4중전회에서 장쩌민으로부터 당 군사위원회 주석직을 인계 받고서야 당·정·군의 수뇌가 되었다.

후진타오는 2004년 헌법 개정을 성사시키면서 정치적 승리를 맛보았다. 새로운 정치적·경제적·사회적 환경을 반영하여 헌법 개정을 추진하였으나 보수와 진보그룹들 간에 각양각색의 의견이 분출하면서 난관에 부딪혔었다. 결국 1년 가까운 논쟁이 3월이 되어서야 결실을 보았던 것이다. 이 개정의 핵심은 공민의 사유재산권을 보장한다는 조항을 사회주의국가 헌법에 삽입하는 것이었다. 보수파들이 격렬하게 반대한 것은 당연한 것이었다. 하지만 중국 특색사회주의에서는 가능하다는 진보파들의 논리가 채택되었다. 이 외에도 국가가 공민의 토지를 수용할 때 보상한다는 규정, 국가는 인권을 존중하고 보장한다는 규정 등이 추가되었다. 이로써 후진타오는 그의 집권 후기를 위한 국가기본법 개정을 완료하였다.

후진타오는 경제관련 법제정 면에서 많은 성과를 거두었다. 그중에서도 2007년 3월에 전국인민대표대회 10기 5차회의에서 채택된 물권법(物權法)은 획기적인 것이었다. 물권은 동산과 부동산에 대한 개인의 권리를 의미하며 이를 보장해주기 위한 것이 물권법이다. 이 법안은 2005년 8월 그 초안이 마련되었으나, 이는 사회주의 공공재산은 침범되어서는 안 된다는 헌법조항에 위배된다며, 반대의견이 들끓었다. 결국 후진타오가 직접 관여하여 법제정의 필요성을 강하게 주장하면서 공론화 된지 1년 반 만에 결실을 맺었다. 이리하여 개인이 갖는 물권이 국가나 집체가 갖는 물권과 동등하게 보호받게 되었다. 사회주의 국가에서 일어난 일이라 그 의미가 크다.

후진타오는 2007년 10월 열린 공산당 제17차 전국대표대회에서 자신의 정치를 중간점검하고 향후 방향을 설정하며 독자적 정치노선을 확립하였다. 그가 발표한 '전면적인 샤오캉사회 건설을 위하여 분투하자'는 정치보고 제목이 시사하듯이, 샤오캉사회 발전이 불균형하였었다. 사회 불평등이 심화되고 부정부패가 만연하여 인민들의 불만이 나날이 증폭되고 있었다. 따라서 후진타오 후기 과제는 샤오캉사회를 전면적으로 실현하여 사회 갈등을 봉합하는 것이었다.

그의 이러한 구상은 경제발전에 대한 '우호우쾌(又好又快)' 구호로 표현되었다. 즉 경제를 빨리 발전시키면서도 좋게 발전시켜, 양적인 성장과 질적인 성장을 동시에 이루자는 것이다. 이를 통해 화합(和諧) 사회를 건설한다는 것이 후진타오의 정치노선이다. 이 정치노선을 실천할 이론으로 '과학적 발전관'을 제시하였다.

2007년 10월 22일 17기 1중전회에서 공산당 인사개편이 이루어졌다. 이 회의에서 선출될 상무위원의 명단에 세계적 관심이 쏠려있었다. 후진타오 권력을 승계할 인물이 그 안에 포함될 것이기 때문이다. 그 새로이 구성된 9명의 명단 중에 공산주의 청년단 출신의 리커창(李克强)과 태자당 출신인 시진핑(習近平)이 특히 이목을 끌었다. 당 군사위원회 주석직은 후진타오가 유임되었으며, 시진핑이 2010년 후진타오 집권 후기 중반에 당 군사위원회 부주석에 선임된 점은 유의할 만하다.

후진타오 과학적 발전관의 핵심은 전면적 발전과 협조적 발전 그리고 지속가능한 발전이다. 전면적 발전이란 지금까지 이룬 경제발전에 사회발전과 인간발전을 접목시킴으로써 백성들의 삶의 질을 균형있게 만들자는 내용이 중요하다. 협조적 발전은 농촌과 도시, 연해지역과 내륙지역, 계층간, 국내와 대외가 서로 발전적 조화를 이루자는 것이다. 끝으로 지속가능한 발전관은 인간과 자연이 어울려 살 수 있도록 생태환경 문제에 관심을 가져야만 경제발전이 지속될 수 있다는 것이다.

후진타오는 화합사회 건설을 위한 구체적인 정책으로 '신농촌 건설'과 '서부 대개발' 전략을 내놓았으며 어느 정도 가시적인 효과도 거두었다. 아울러 공산당 당내에 민주적인 개혁도 시도되었다. 그러나 부정부패 척결이나 빈부격차의 해소나 정치민주화의 확대 등에 성과가 미흡하여 화합사회 건설을 성공적으로 달성하지는 못하였다. 이는 후진타오가 강력한 리더십을 보유하지 못한 결과일 것이다.

3) 시진핑(習近平)의 정치

시진핑은 2012년 11월에 공산당 총서기 및 당 군사위원회 주석이 되었다. 그는 후진타오의 후광을 받고 있던 리커창을 제치고 중국 정치 제5세대 지도자가 되었다. 그리고 다음해 2013년 전국인민대표대회에서 국가주석에 선출되었다. 명실상부한 1인자로서 현재 중국 정치를 이끌고 있다.

그의 부상을 가져온 제18차 전국대표대회는 후진타오에 의하여 진행되었다. 정치보고의 핵심은 중국특색사회주의 노선을 계속 밀고 나가며 전면적으로 샤오캉사회를 건설하자는 것이다. 이를 달성하기 위한 구체적인 목표들이 당장에 삽입되었다. 주요 내용으로는 우선 과학적 발전관이 마르크스·레닌주의, 마오쩌둥 사상, 덩샤오핑 이론, 3개 대표론과 함께 당의 지도이념으로 채택되었다. 다음은 경제건설·정치건설·문화건설·사회건설과 더불어 생태문명건설이 추가되었다. 그리고 부패척결의 의지를 당장에 명문화하였다.

이러한 18전대회의 주요 사항은 11월 15일 개최된 1중전회에서 당 지도부 인선이 끝나고 진행된 시진핑의 연설에서도 그대로 나타났다. 1중전회는 당 총서기에 시진핑, 군사위원회 주석에 시진핑, 그리고 리커창·장더지앙(張德江) 등 7명의 정치국 중앙위원을 선출하였다. 새로운 지도부의 구성은 예상보다 순조로웠다. 후진타오까지 덩샤오핑이 지정한 인물이 총서기에 올랐으므로 그 이후 권력승계에 대한 여러 예상이 있었으나, 상하이방과 태자당이 협력하여 공청단을 제치고 시진핑을 선출하였다. 뿐만 아니라 당권과 군권을 동시에 부여함으로써 강력한 권력행사를 가능케 하였다.

시진핑은 위대한 중화민족의 부흥을 기치로 들고 나왔다. 개혁개방으로 경제발전을 이루어 세계 경제강국으로 부상하였으나 국내에서는 지니계수가 6을 넘을 정도로 빈부격차가 심화되고 부정부패가 만연하여 갈등이 최고조에 달해있었다. 이러한 상황을 극복하기 위하여 공산당과 인민들이 단결하자고 외치게 된 것이다. 그는 인민들의 삶의 고통을 해결하는 민생문제에 특별한 관심을 표시하고, 부패척결에 강한 의지를 보였다.

그의 이러한 정치적 구상은 '중국몽(中國夢)'으로 함축되었다. 국내적으로는 신창타이(新常態) 개념을 도입하여 경제발전속도를 늦추고 사회보장체계의 개선과 호적제도의 현실화 등을 통하여 민생문제를 해결하는데 주력하였다. 특히 공산당 고위간부에 대한 엄중한 부패처벌을 감행함으로써 백성들의 불만은 줄어들었고 시진핑에 대한 지지는 상승하였다. 이는 정치적 안정에 큰 도움을 주었다. 국제적으로는 일대일로(一帶一路) 즉 육상과 해상 실크로드를 건설한다는 정책으로 세계무대에 확실한 지위를 굳히고자 하였다. 이는 수세적 외교정책에서 공세적 외교정책으로 전환하는 것으로 중국의 위상을 크게 향상시키고 있다.

이러한 성과에도 불구하고 시진핑 첫 번째 임기 5년 동안 정치부분에서의 개혁은 별반 두드러지지 않는다. 몇가지 간단한 개혁을 소개하자면, 당대표대회제도를 활성화하고, 당 간부들에 대한 감시제도를 강화하면서 반부패법과 감찰제도를 정비하였다. 국가부분에 있어서는 기층인민대표대회의 기능을 보강하고, 사회주의 협상제도에 대한 점검도 실시하였다. 이와 같이 집권 상반기동안 정치개혁의 성과가 그다지 보이지 않음에도 불구하고 시진핑의 권력은 나날이 강해졌는데, 이는 부패척결 부문에서 괄목할 만한 가시적인 결과가 나타났기 때문이다. 또한 미국과 어깨를 나란히 하는 대국이 되어 일대일로정책을 성공적으로 진행하고 있기 때문이다.

이와 같이, 시진핑은 부패척결에서 이룬 성과를 발판으로 삼아 그의 집권 후반기를 시작하였다. 2017년 개최한 공산당 제19차 전국대표대회에서 전 세계의 이목을 놀라게 하는 정치상황을 연출하였다. 10월 18일 베이징에 총 당원 수 약 8944만 7천 명에서 선출된 2338명의 대표가 모여 성대한 당대회를 열었다. 당 총서기 시진핑은 무려 3만자가 넘는 정치보고서를 3시간 30분가량 읽어 신기록을 세웠다. 그 정치보고의 제목은 "전면적인 샤오캉사회 수립을 성공적으로 완수하여 신시대 중국특색사회주의의 위대한 승리를 쟁취하자"이었다. 이는 덩샤오핑이 중국특색사회주의를 제창한 이래 장쩌민과 후진타오가 이를 실천해왔는데, 시진핑은 중국특색사회주의를 계승하되 새로운 시대적 요구에 부합하도록 조정 발전시켜야겠다는 것이다.

왜냐하면 주요 모순이 변화하였기 때문이다. 중국 현재의 주요모순은 '인민의 나날이 증가하는 아름다운 생활에 대한 수요와 불평등하고 불충분한 발전 간의 모순'이다. 따라서 각 분야를 두루 충분히 발전시키고 그 발전의 결과물을 평등하게 누릴 수 있도록 하는 것이 최우선과제가 되었다. 이를 실천하는 과정을 삼단계로 제시하였다. 2020년까지 전면적인 샤오캉사회를 만들고, 2035년까지 사회주의 현대화를 완성하여, 정부수립 100주년이 되는 2050에는 사회주의 현대화 강국으로 우뚝 서자는 것이다. 이 과정을 제대로 밟아나가면 주요모순인 불평등은 해결되고 모두 잘사는 대동(大同)사회에 이를 수 있다는 것이다.

시진핑의 정치보고 후 진행된 당장개정은 획기적이었다. 당장의 공산당 지도이념 부분에 '시진핑 신시대 중국특색사회주의 사상' 문구가 삽입된 것이다. 이로써 앞의 두 명의 당 총서기를 뛰어 넘어 마오쩌둥·덩샤오핑과 같은 위상으로 올라갔다. 시진핑 이름을 붙였을 뿐만 아니라 사상이라는 용어를 사용하여 오히려 덩샤오핑 이론보다 상위라는 느낌을 갖도록 한다. 사실 재임기간에 당장에 지도이념으로 오른 것은 마오쩌둥과 시진핑 뿐이다.

그의 이러한 권력질주를 돋보이게 한 것은 10월25일 19기 1중전회에서 선출된 공산당 중앙정치국 상무위원 명단이다. 차기 후계자로 거명되던 인물들은 모두 배제되고 새로운 인물들로 구성되었다. 시진핑과 리커창에 리잔수(栗戰書)·왕양(汪洋)·왕후닝(王滬寧)·자오러지(趙樂際)·한정(韓正) 5명이 포함된 7인으로 이루어진 것이다. 이 구성은 태자당의 압승으로 분석되고 있어 시진핑이 집권 후반기를 독주하는데 큰 도움이 될 것으로 판단된다.

이러한 당대회 주요 결정사항에 대한 후속조치를 취하기 위하여 공산당은 2018년 1월18일과 19일 양일간 19기 2중전회를 열어 '시진핑 신시대 중국 특색 사회주의 사상'을 헌법에 명기하는 개헌안을 통과시켰다. 그리고 3월에 개최되는 전국인민대표대회에서 헌법을 개정할 예정이다.

이로써 시진핑의 후반기 통치를 위한 준비 작업은 완료될 것이며, 그 이후 전개될 시진핑의 정치는 관심있게 지켜보아야 할 것이다.

제3장

중국 국제관계

1. 현대중국 국제관계의 역사적 배경

현대 중국의 국제관계를 이해하기 위해서는 근현대 중국이 국제사회에 편입되는 역사적 과정을 살펴볼 필요가 있다. 본 장에서는 중국이 국제사회에 편입된 시점으로 볼 수 있는 아편전쟁, 중화인민공화국 수립이후 중국의 대외관계사를 현대에 이르기까지 중요한 사건을 중심으로 살펴볼 것이다.

1) 아편전쟁부터 중화인민공화국 수립

중국은 아편전쟁을 거치면서 국제사회에 편입되었다. 현대 국제관계는 주권이 있는 독립국가 간에 동등한 외교관계를 수립하는 것을 전제로 하고 있지만, 아편전쟁 이전에 중국은 국제관계에서 동등한 국가 간의 관계를 인정하지 않았다. 동아시아는 중국의 왕조와 다른 왕조 간에 조공과 책봉의 주종관계를 이루는 국제관계를 형성하고 있었다. 이를 이른바 화이사상(華夷思想)에 바탕을 둔 중화질서라고 통칭한다. 즉, 중국의 왕조를 중심으로 이웃 국가 왕조들이 조공관계를 맺고 있는 질서를 의미한다. 이러한 중화질서가 두 차례의 아편전쟁을 겪으면서 근본적으로 해체되었다. 1차에 이어진 2차 아편전쟁 결과 중국의 청나라 왕조(淸朝)는 베이징(北京)에 외국 공사가 상주하는 것을 허용한다. 다른 나라와의 현대적 외교관계 수립을 인정한 것이다. 그 결과 동아시아 국제관계의 특징이었던 중화질서는 붕괴되고 유럽에서 형성된 현대 국제관계가 중국과 함께 동아시아에 형성되었다. 중국은 아편전쟁 이후 2차 세계대전 기간 중 일본 강점기까지를 이른바 '굴욕의 일세기'라 부른다.

두 차례의 아편전쟁을 겪는 시점부터 중국은 내우외란(內憂外亂)의 시기로 접어들게 된다. 국내적으로는 청 왕조는 국정운영 능력 상실과 부정부패가 극심해지는 등 쇠락의 길을 걷게 되었다. 청나라의 쇠락을 대표적으로 보여주는 사건이 '태평천국의 난'이다. '태평천국의 난'은 홍슈취안(洪秀全)이 청조를 타도하고 토지 균등분배, 남녀차별 금지, 악습철폐 등 이상(理想) 국가 건설을 내세우면서 일으킨 반청(反淸) 운동이었다. 청조의 무능과 부패로 고통 받던 농민들이 '태평천국의 난'에 대거 참여하면서 청나라는 국내적 혼란에 빠지고 청조는 더욱 쇠락의 길을 걷게 된다. 또한 청나라는 산업혁명과 부르주아 혁명을 통해 자본주의 경제와 근대적 민주공화국 정치체제를 수립함으로써 정치, 경제, 문화, 과학기술 발전에 박차를 가하고 있었던 유럽 제국들과 이를 수용해 동아시아의 새로운 강국으로 떠오르고 있던 일본의 근대화를 따라가지 못했다. 그럼에도 불구하고 청나라 말기의 중국은 여전히 자신을 세계의 중심이자 가장 강력한 제국이라는 착각 속에 머물러 있었다. 그 결과 아편전쟁을 기점으로 중국은 영국, 프랑스, 러시아, 독일, 일본 등 열강들의 침탈을 받는 혼란의 시기로 접어들게 되었다.

아편전쟁

아편전쟁은 영국과 청나라 간의 전쟁으로 1840년, 1856년 두 차례 발발했다. 제1차 아편전쟁은 1840~42년에, 제 2차 아편전쟁은 1856~60년에 벌어졌다. 아편전쟁은 청나라 도광제가 아편무역 금지를 명하자 영국이 이에 반발하면서 발발했다. 이것이 1차 아편전쟁인데, 결과는 영국의 승리하면서 청나라와 난징(南京)조약을 채결했다. 난징조약으로 영국은 청나라로부터 홍콩을 할양받았을 뿐만 아니라 광저우(廣州), 샤먼(廈門), 상하이(上海) 등 다섯 개 항구를 개항시켰다. 2차 아편전쟁은 청나라가 1차 아편전쟁 이후 약속한 무역개방을 기대만큼 지키지 않자 영국이 프랑스와 함께 일으킨 전쟁이다. 이 전쟁에는 러시아도 개입하였는데, 그 결과 청나라는 텐진(天津)조약에 이어 베이징(北京)까지 체결하면서 외국 외교사절이 공식적으로 베이징에 주재(駐在)하는 것을 포함 영국, 프랑스, 러시아에 영토를 할양하게 되었다. 두 차례에 걸친 아편전쟁 결과 청나라는 기존 중국왕조 중심의 동아시아 국제질서의 패권적 지위를 잃게되었으며, 중국을 포함 동아시아 국가들은 주권국가 간의 평등한 관계를 기본으로 하는 현대국제질서에 편입되게 되었다.

아편전쟁의 패배라는 충격으로 중국에서는 서구 열강의 정치, 경제, 사회문화, 그리고 과학기술 발전을 배우고 따라가기 위한 일련의 시도가 지속되었다. 그 대표적인 예가 1870년대 시작한 '양무운동(洋務運動)'과 1898년 캉유웨이(康有爲)가 시작한 '변법자강(變法自彊) 운동'이었다. '양무운동'은 서구와의 교류를 통해 발전된 기술을 익혀 낙후된 중국의 부흥을 꾀하고자 하는 운동이었다. 하지만 '양무운동'은 정치경제적으로 근본적인 개혁을 추구한 것이 아니라 단순히 서구의 발전된 과학기술만을 수용하고자 함으로써 한계를 가지고 있었다. 1894년에서 1895년까지 조선을 두고 청나라와 일본이 벌인 청일전쟁에서 청나라의 패배는 그 한계를 명확히 드러내는 사건이었다. 청일전쟁 패배와 서태후의 섭정 등으로 가속화하고 있던 청조의 근본적 혁신을 추구한 운동이 '변법자강운동'이었다. '변법자강운동'은 정치, 경제적으로 근본적인 개혁을 지향했으나 서태후를 중심으로 한 반개혁파와 외세의 개입에 의해 실패했다.

1911년 쑨원(孫文)이 민족, 민권, 민생의 '삼민주의'를 기치로 '신해혁명'을 일으키고 1912년 공화국인 중화민국을 수립함으로써 쇠락하고 있던 청조는 결국 멸망했다. 청조의 멸망과 중화민국 수립으로 중국은 왕조에서 근대적 공화제 국가 시기로 접어들게 되었다. 하지만 동시에 중국에서는 1918년 러시아에 수립된 사회주의와 공산주의의 영향을 받은 공산주의 운동이 시작되었다. 1921년 천두슈, 리다자오, 마오쩌둥 등 초기 공산주의자들은 중국공산당 창당대회를 상하이에서 개최했다. 이를 기점으로 중국은 정치적으로 국민당과 공산당이 각축을 벌이는 '국공내전' 시기로 접어들게 되었다. 국내적으로 청조의 멸망과 국민당 중심의 중화민국이 수립되고 국민당과 공산당이 내전에 들어가는 혼란이 지속되면서 서구열강과 일본의 중국침탈은 가속화되어 가기만 했다.

2) 중화인민공화국 수립과 대외적 고립 시기

1945년 제2차 세계대전이 연합국의 승리로 끝나면서 일본의 중국 강점 또한 종결되었지만 국민당과 공산당의 국공내전은 1949년까지 지속되었다. 그리고 오랜 기간 지속된 국공내전의 결론은 중국 공산당의 승리였다. 국민당에 승리한 중국공산당은 중국대륙에 1949년 중화인민공화국(이하 중국)을 수립하였고, 국민당은 대만으로 패퇴한다. 1949년 10월 중국대륙에 중국공산당이 중화인민공화국을 수립하면서 중국은 공산당 지배하에 들어가게 되었다. 제2차 세계대전 종결은 전 세계를 소련을 중심으로 한 공산권 세계와 서구 국가들을 중심으로 한 자유민주주의 세계로 양분되며 상호 대치하는 '냉전(冷戰)' 시대의 개막으로 이어지게 되었다.

냉전시기 중국공산당이 통치하는 중국은 소련과 함께 사회주의 국가들을 대표하면서 미국과 서유럽 국가들과 대치하면서 전세계 공산주의 확산에 매진하였다. 중국공산당은 사회주의 혁명 이념을 대외관계의 기본으로 대외관계를 전개한다. 중국공산당은 사회주의 국가를 수립한 지 1년도 안되는 시점에서 북한을 지원해 한국전쟁에 개입하고 남북분단을 고착화시키는데 중요한 역할을 했다. 그리고 한국전쟁 이후 중국은 1992년 한국과 공식수교할 때까지 적대적 관계를 지속했다. 하지만 중국이 공산주의 이념에 근거해 사회주의권 국가들과 우호적 관계를 유지한 것만은 아니다. 오히려 중국은 사회주의권의 대표적인 국가인 소련과 극심한 갈등의 시기를 겪는다. 서구(자유민주주의)와 동구(사회주의)의 냉전이 치열하게 전개되었던 1960대 중국은 소련과 사회주의권 주도권을 둘러싼 갈등과 긴장의 '중소분쟁' 시기를 보냈다. 특히 중국은 사회주의 최대 강국인 소련으로부터 안보위협을 강하게 받았는데, 중소분쟁과 소련으로부터의 위협은 1970년대 미국과 관계개선을 도모하게되는 주된 요인이 되기도 했다.

60년대에서 70년대 중국은 소련과의 이념적, 정치적, 안보적 갈등으로부터 독립성을 유지하면서 사회주의권 내에서의 영향력을 확장하기 위해 저개발 사회주의권 국가들에 대한 지원과 혁명수출에 노력을 경주했다. 이러한 배경으로 이른바 '평화공존 5원칙'과 '비동맹외교'를 전개했다. 60년대 말 소련과 무력충돌, 베트남 전쟁과 베트

남과의 갈등 등의 요인은 중국이 미국과의 개선을 도모하도록 유도한다. 1972년 미국과의 관계를 개선하면서 중국은 서구 국가들과 '데탕트 시기'로 접어든다. 하지만 1970년대 말까지 중국은 여전히 서구 국가들과 세계에서 고립된 국가였다. 중국이 본격적으로 서구국가들과 관계를 개선하고 국제사회에 나오기 시작한 것은 1978년 말부터 시작된 개혁개방 정책 이후이다.

3) 개혁개방과 대외관계 변화

1978년 12월 개최된 중국공산당 중앙위원회 제11기 3차 전체회의(11기 3중전회)에서 중국공산당은 개혁개방 정책으로 전환하는 계기를 맞이한다. 중화인민공화국(중공) 수립 이후 마오쩌둥 집권 기에 사회주의 이념을 바탕으로 전개한 급진적 사회주의화 정책에서 탈피해 시장경제를 받아들이고 정치적으로는 마오쩌둥 1인독재 체제를 완화하는 방향으로의 대전환이었다. 덩샤오핑을 중심으로 한 개혁파가 개혁개방 정책을 추진하면서 중국은 정치, 경제, 사회적으로 중공 수립이후 가장 큰 전환기를 맞이한다. 중국의 전환은 대외정책에도 반영되었다. 개혁과 함께 개방정책을 추진하기 위해서는 이념적 기준을 바탕으로 자유민주주의 사회를 배척하고 스스로 고립되는 정책을 바꾸어야했기 때문이다. 중국은 1972년 서방 국가 중 일본과 수교한 이후, 1979년 미국과 수교한다. 미국과 중국이 수교한 이후 1980년대 중국은 개방정책을 지속하면서 미국과의 관계를 강화해 나갔다. 중국은 미국으로부터 선진적인 기술과 원조, 그리고 시장을 제공받을 뿐만 아니라 많은 수의 유학생을 미국으로 파견했다. 1980년대 이후 중국은 미국, 일본뿐만 아니라 서유럽 국가들을 포함 서방세계와 국제사회로의 편입을 도모했다. 이를 통해 서구사회로부터 원조와 같은 지원만이 아니라 기술과 시장을 개척해 나가면서 경제성장에 주력했던 것이다.

1978년 이후 중국이 개혁개방 정책을 전개하면서 중국의 대외정책은 큰 변화를 가져왔다. 이전까지 중국의 대외정책은 사회주의 이념과 혁명의 확산에 주력하면서 서방세계와 대치하는 배타적 정책에 기반을 둔 것이었다면, 개혁개방 정책 이후 중국의 대외정책은 이념적 기준 보다는 경제발전에 주력하기 위해 적극적으로 국제사회에 편입하는 수용적 정책에 기반을 두었다. 즉, 이념보다는 경제성장에 주력하는 실용주의적 대외정책으로의 전환이었다.

중국의 대외개방 정책은 1989년 '천안문 민주화 운동' 발발로 주춤해지는 시기를 겪는다. 이 시기는 구 공산권 국가들이 전복되고 자유민주주의 정치체제로 전환되는 민주화 혁명이 구 공산권 국가들에서 발생했던 시기이기도 하다. 과거 공산권 국가들은 1989년부터 사회주의를 포기하고 자유민주주의 체제로 전환하기 시작했다. 1989년 구(舊)동독 시민들이 반(反)공산주의 민주화운동을 전개하면서 구(舊)동독이 붕괴하고 독일이 자유민주주의 서독에 의해 흡수통일된 것을 기점으로 과거 공산권 국가 블럭이었던 동유럽 국가들에서 1992년까지 사회주의 정권들이 전복되고 자유민주주의 정치체제를 수립하였다. 1991년에는 전세계에서 사회주의 국가를 최초로 수립했던 구(舊)소련 또한 붕괴하고 민주주의 공화국인 러시아로 국호를 재개칭한다. 구소련 붕괴 결과 과거 소련 연방에 속했던 국가들이 민주주의 공화국으로 재수립되어 독립했다. 중국공산당은 국내에서의 민주화 운동과 공산주의권의 붕괴로 심각한 위기에 봉착하면서 사회주의 체제유지를 위해 개혁개방 정책을 지속해야하는지에 대한 논란이 일어났던 것이다.

하지만 1992년 덩샤오핑이 '남순강화'를 단행하면서 향후 중국이 개혁개방 정책을 지속해야한다고 결론지으면서 중국은 지속적인 시장화와 대외개방 정책을 견지하게 되었다. 덩샤오핑은 개혁개방 정책을 추진하면서 경제성장을 중심으로 하되 방법은 개혁개방 정책과 공산당 독재를 유지한다는 '일개중심과 두 개의 기본점'을 표방했다. 즉, 중국공산당 일당독재와 사회주의 체제라는 기본골격은 유지하면서도 정책은 개혁개방을 통한 경제발전에 주력한다는 것이었다. 덩샤오핑이 대내외적인 공산당 위기에도 불구하고 개혁과 개방 정책 고수를 천명하면서 중국은 시장화와 국제사회로의 편입에 가속도를 붙인다.

4) 대외개방과 국제사회로의 편입

1990년대 중국은 대외개방에 속도를 낸다. 중국이 대외개방에 속도를 내면서 국제사회에 편입하기 위한 정책을 확장하여 전개하기 시작했다. 중국은 1990년대 중반 이후 국제다자기구에 본격적으로 참여하기 시작했다. 이전까지 중국의 대외정책은 국가 대 국가 관계인 양자주의와 주요 강대국 중심의 외교정책이 주를 이루었었다. 하지만, 1990년대 중반 이후 중국은 유엔을 비롯하여 다양한 국제 다자기구와 지역 다자주의 외교에 참여하기 시작했다. 다자기구에의 참가는 유엔에 속한 기구들에서 다양한 이슈를 다루는 다자기구들로 참가의 범위가 확장되었다. 예를 들어 국제법, 안보, 환경, 재난, 금융,

통상 등의 기구에 참가하기 시작한 것이다. 이와 함께 지역적으로 중국이 속한 아시아 태평양 지역 다자기구에 참가하기 시작하였는데, 예를 들어 아시아 태평양 경제협력체(APEC, Asia-Pacific Economic Cooperation), 동아시아 정상회의(East Asia Summit, EAS), 그리고 러시아와 중국 주도의 상하이협력기구(SCO, Shanghai Cooperation Organization) 등이 여기에 속한다.

중국은 또한 2001년 세계무역기구(WTO, World Trade Organization)에 가입함으로써 대외개방의 큰 획을 긋게 된다. 중국 국내적으로 세계무역기구 가입이 중국경제에 줄 영향에 대해 많은 논란이 있었지만, 결과적으로 중국은 WTO 가입을 통해 세계경제에 본격적으로 편입함과 동시에 활발한 대외무역으로 2000년대 고도 경제성장을 구가할 수 있었다.

세계무역기구(WTO)

세계무역기구(WTO, World Trade Organization)는 전세계 국가들이 국제통상과 관련된 복잡한 문제들을 원활하게 처리함으로써 경제교류를 보다 활발히 하기 위해 설립된 조직이다. WTO는 회원국들 간의 통상문제와 관련된 수많은 협정을 관리 감독하기 위한 기구이며, 회원국 정부들은 WTO를 통해 국제통상 과정에서 제기되는 문제에 대한 해결을 모색한다. WTO는 역사적으로 세계 2차 대전 이후 국제통상의 원활화를 목적으로 시작된 관세 및 무역에 관한 일반협정(GATT) 체제를 변화된 국제통상환경에 맞게 대체하기 위한 우루과이라운드협상(UR)의 결과로 1995년 1월 1일 출범하게 되었다. WTO 체제의 원칙은 차별 없는 교역, 교역의 자유화, 예측 가능성, 공정경쟁의 촉진, 경제개발 및 개혁의 장려이며, 설립목적은 무역자유화를 통한 전 세계적인 경제발전을 이루는 것이다. 현재 WTO 본부는 스위스 제네바에 위치해 있다. 중국은 2001년에 WTO 회원으로 가입했다.

출처: 외교부(www.mofa.go.kr/trade/wto).
산업통상자원부(www.motie.go.kr/motie/py/ce/wto/wto.jsp)

2000년대까지 중국은 경제성장과 국제사회로의 편입을 위해 서방세계 국가들과의 관계를 개선하였다. 개혁개방 이후 이 시기까지 중국은 미국을 중심으로 한 서방세계 국가들과의 관계 개선과 서방세계에서 2차 세계대전 이후 구축해온 국제질서를 수용하는 자세를 취하였다. 이러한 중국의 대외정책은 "자세를 낮추고 때를 기다리며, 동시에 자신이 할 바를 행한다"는 의미의 '도광양회 유속작위(韜光養晦 有所作爲)' 기조를 지키는 것을 견지하는 것이었다. 덩샤오핑을 비롯한 중국의 지도자들은 개혁개방 정책을 전개하기 시작하면서 1980년대 이후의 국제사회를 관통하는 시대주제를 '평화와 발전'으로 설정하고 이념적 기준보다는 실용주의적 대외정책을 펼쳐왔던 것이다. 따라서 중국이 충분히 국력을 성장시키기 전까지는 서방세계와 국제질서에 도전하는 것이 아니라 가급적 우호적 관계를 형성하고 수용자적 태도를 견지하면서 자국의 경제성장에 매진하는 것이 최우선의 목표였던 것이었다. 하지만 이러한 중국의 대외정책 기조는 2008년을 기점으로 변화하기 시작했다.

5) 글로벌 거버넌스와 중국의 도전

2008년에 전 세계는 미국에서 시작된 글로벌 금융위기를 겪게 되었다. 2008년 글로벌 금융위기는 중국을 포함한 동아시아 국가들에게도 경제위기라는 여파를 주었는데, 이는 1997년 발생한 동아시아 경제위기의 혹독한 경험을 상기시키는 것이었다. 2008년 글로벌 금융위기는 1997년 동아시아 경제위기에 이어 또 다른 경제위기였던 것이다. 그런데 2008년 글로벌 금융위기는 중국의 대외정책에 큰 변화를 가져오는 계기를 제공했다. 그 변화는 바로 미국과 서방 세계의 경제질서 모델에 대한 회의와 함께 중국식 경제성장 모델에 대한 자신감이었다. 이전까지 중국은 현실적으로 당장은 따를 수 없더라도 미국과 서방세계의 경제성장 모델을 수용해 언젠가 중국도 선진국으로 발돋움할 수 있을 것이라는 믿음이 주를 이루고 있었다. 하지만 미국식 경제모델의 실패 사례가 되었던 글로벌 금융위기를 거치면서 중국은 이른바 중국의 현실을 반영한 중국식 경제성장 모델을 지속할 수 있다는 자신감을 갖게 되었다. 동시에 2008년에 이르면 중국은 이미 GDP 총량에 있어서 미국 다음가는 세계 2위의 경제대국으로 성장해 있었다. 또한 2020년대에는 중국이 미국을 제치고 세계 1위 경제대국이 될 것이라는 권위있는 분석결과가 나오고 있었다. 중국은 이러한 자신감을 바탕으로 대외정책에 변화를 꾀하기 시작했다.

글로벌 금융위기

2008년 미국에서 부동산 버블이 붕괴되면서 이와 연동되어 운영되던 서브프라임(subprime) 모기지 부실이 터지면서 대규모 금융사들이 대거 파산했다. 이로 인해 미국에서 금융위기 발생했는데, 전세계 최대 경제대국이자 금융중심지인 미국의 금융위기는 국제 실물경제로 전이되면서 전 세계 경제와 금융시장의 위기를 발생시켰다. 전 세계 3대 경제권인 동아시아 국가들 또한 경제와 금융위기의 직격탄을 맞았다. 2008년 미국 발 글로벌 금융위기는 신자유주의 이론을 바탕으로 본격화되었던 세계화와 미국 식 자유경제 시스템의 문제를 드러내는 계기가 되기도 했다.

2010년대 들어 중국은 매우 적극적인 대외정책을 전개해오고 있다. 특히 중국은 2012년 시진핑 주석이 집권하면서 이른바 '중국몽(中國夢)'을 실현한다는 목표 하에 국내적으로뿐만 아니라 대외적으로 공세적인 정책을 전개하고 있다. 중국은 먼저 세계적인 차원에서 유엔과 세계은행(World Bank), 그리고 국제통화기금(IMF)의 개혁을 요구하고 있다. 또한 세계적 현안을 논의하는 각종 국제포럼을 중국주도로 개최하면서 이슈를 선점하고 논의를 주도해 나가고자 하는 노력을 경주하고 있다. 지역적인 차원에서는 중국 주도의 지역 다자기구를 확대강화하고 있다. 그 대표적인 예로 상하이협력기구(SCO), 아시아 교류 및 신뢰구축회의(CICA) 등을 들 수 있다. 국제질서와 관련된 주요 현안은 안보, 통상, 금융 등이다. 중국은 안보영역에 있어 SCO, CICA, 그리고 다양한 소다자협의체와 국제포럼 등을 강화하고 있다. 또한 국제안보에서 중요한 해양안보와 관련해 남·동 중국해에 대한 자국의 영유권 확대를 주장하며 관련국가들과 갈등을 빚고 있다. 경제에서는 중국 주도의 지역 자유무역질서를 구축하기 위해 역내 포괄적 경제 동반자 협정(RCEP, Regional Comprehensive Economic Partnership)과 아시아 태평양자유무역지대(FTAAP, Free Trade Area of the Asia-Pacific) 등을 추진하고 있다. 금융에서는 실질적인 국제 기축통화인 미국의 달러화에 대응해 위안화를 국제 기축통화 지위에 올려놓고자 위안화 국제화 정책을 전개하고 있다. 이와 함께 중국주도의 국제다자개발은행인 아시아 인프라 투자 은행(AIIB)을 설립하기도 했다. 이와 관련해 중국은 '일대일로' 전략을 추진하고 있는데, '일대일로' 전략은 아시아와 유럽, 아프리카에 걸쳐 새로운 경제통상 연계발전을 촉진하는 대규모 프로젝트이다. '일대일로' 전략의 추진이 성공적으로 추진되면 이는 단순히 경제적인 효과만이 아니라 정치적으로

도 중국의 영향력이 대폭 강화되는 결과를 가져올 수 있을 것이다.

중국은 대폭 성장한 경제력과 군사력 그리고 그에 발맞추어 발전하고 있는 대외영향력을 바탕으로 21세기 국제질서를 선도해나가고자 하는 노력을 경주하고 있는 것이다. 통상, 금융, 개발투자, 군사안보, 그리고 정치사회적 영향력을 세계적으로 확장하고 있는 중국의 세계화가 향후 아시아와 세계 정치경제 질서에 어떠한 결과를 가져올 수 있는지 관심을 가져야 하는 이유가 여기에 있다.

2. 중국의 대외정책

중국의 대외정책은 중화인민공화국 수립 이후 현재까지 거시적으로 구분할 때 1978년 이전과 이후로 나눌 수 있다. 중국공산당이 개혁개방 정책을 추진하기 이전까지 중국 대외정책의 기본적 성격은 사회주의 이념과 서방세계에 대한 배타적 고립주의였다. 반면 개혁개방 이후 중국 대외정책은 경제성장과 실용주의를 기본으로 하는 수용적 국제화라고 정의할 수 있다. 2010년대 들어 중국은 국제 정치경제 사안에 적극적으로 관여하는 국제화 노선을 견지하면서 중국 주도의 세계화를 추진하고 있다고 평가할 수 있다. 이와 같은 중국의 대외정책을 보다 정확히 이해하기 위해서는 누가, 어떠한 과정을 거쳐 중국의 대외정책을 결정하는지를 알아보아야 한다.

1) 중국의 외교정책 결정

중국의 외교안보 정책결정을 이해하기 위해서는 의사결정 구조를 파악해야 한다. 중국은 중국공산당 일당독재체제이다. 따라서 중국의 다른 정책과 마찬가지고 외교안보 정책 또한 중국공산당이 결정한다. 그런데 중국공산당의 핵심 권력은 중국공산당 중앙위원회(중공중앙), 그리고 중공중앙 내에서 다시 중공중앙 정치국, 중공중앙 정치국을 대표하는 중공중앙 정치국 상무위원회로 구성된다. 중국의 대외정책은 바로 중공중앙 정치국과 정치국 상무위원회를 중심으로 결정된다(그림 참조).

〈중국의 외교정책 결정 및 집행도〉

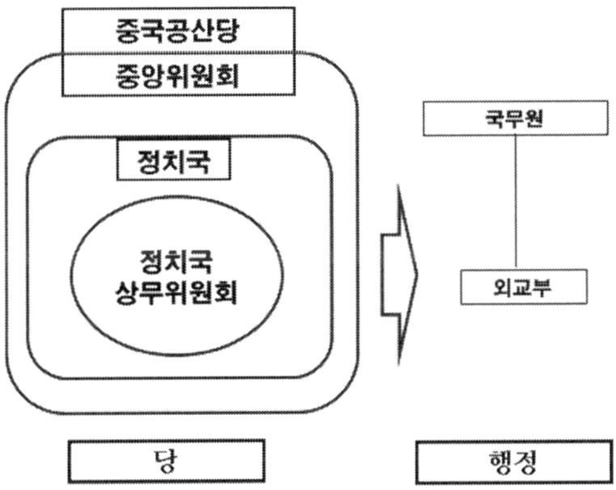

중국의 정치, 경제, 외교안보 등의 중요 정책결정을 내리는 곳은 중공중앙 정치국 상무위원회이다. 그리고 정치국 상무위원회 산하에 의사결정 자문기구인 '중앙 영도소조'가 있다. '중앙 영도소조'는 중국 정책결정의 특수한 형태의 조직으로 상무위원회 산하에서부터 국무원 각 부처 산하, 그리고 하부기관에도 운영되고 있는 것으로 알려지고 있다. 현재 상무위원회 산하로 운영되는 중앙 영도소조는 이슈별로 나누어진다. 주요 이슈인 경제, 외교안보, 대만과 통일 사무, 선전과 이념, 당건설 등의 영도소조가 운영 중인 것으로 알려지고 있다.

상무위원회 직할로 운영되는 중앙 영도소조의 구성원과 사안에 대한 자문내용과 결정사항 등은 외부에 공개되지 않는다. 일부 언론과 소문 등으로 알려지는 내용이 때때로 나오지만, 비공개와 비밀엄수를 원칙으로 하는 '중앙 영도소조' 성격 상 그러한 내용의 신뢰도가 매우 낮을 수밖에 없다.

〈중국공산당 중앙위원회 정치국 상무위원회 직할 영도소조〉

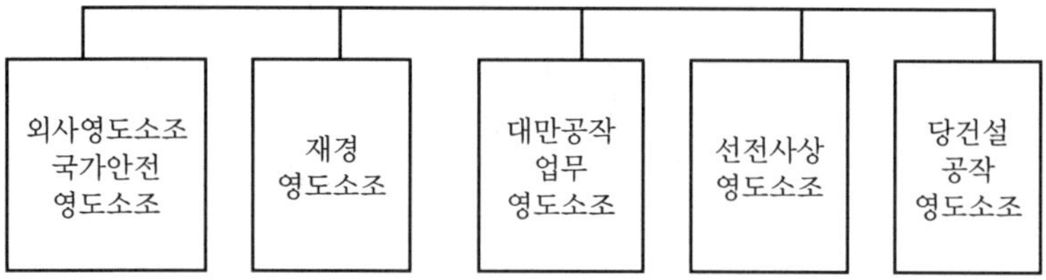

* 그림에 표시된 '영도소조'는 정치국 상무위원들이 조장을 담당한 것으로 알려진 영도소조이다. 하지만 '영도소조'의 구체적 구성과 운영은 비밀에 해당한다. 따라서 여기에 예시된 '영도소조'는 사실과 차이가 날 수 있음을 밝혀둔다.

* 출처: 이지용 (2013), 2013 중국 전국 '양회' 결과분석과 시사점, 주요국제문제분석, 국립외교원.

2) 중국의 외교안보 정책결정 구조와 과정

중국의 외교안보 정책결정 구조와 과정을 중앙정치국, 상무위원회, '영도소조,' 그리고 집행부서인 외교부 등을 중심으로 살펴볼 수 있다. 외교안보 사안에 대한 정책결정과정에 중심적 역할을 하는 기구가 '외사영도소조'이다. '외사영도소조'는 또한 국가안전(안보)영도소조와 소속되는 직책과 인물이 중복되는 것으로 알려져 있다. 외사영도소조는 시진핑 국가주석을 조장으로 일반적으로 국가부주석이 부조장을 맡는다. 그리고 위원으로는 한국의 장관에 해당하는 선전부장, 국방부장, 공안부장, 외교부장, 국가안전부장, 상무부장, 대만판공실 주임, 홍콩마카오 판공실 주임, 중국공산당 대외연락부장, 인민해방군 (부)참모장 등이 참여하는 것으로 알려져 있다. 이와 같이 외교안보와 관련한 의사결정을 내리는데 있어 관련이 있는 조직의 장들이 참여해 의사결정을 내리게 된다.

외사영도소조 외에 외교안보 정책결정과정에 영향력을 행사하는 조직으로서는 중국공산당 대외연락부(중련부)와 중앙군사위원회가 있다. 즉 외사영도소조를 중심으로 중련부와 중앙군사위원회가 외교안보관련 사안에 대해 의사결정을 하고, 이러한 안을 상무위원회에 올리게 되면 상무위원회에서는 이를 바탕으로 의사결정을 하게 된다. 이때 이른바 중국의 핵심이익과 관련된 매우 중대하고 민감한 사안의 경우 상무위원의 토론과 합의과정을 갖는 것으로 알려지고 있다. 그리고 여기에서 결정이 내려지게 되면 공산당 하위부서와 국무원 외교부, 상무부 등 관련 부서에서 이 결정사항을 집행하는 구조를 가지고 있는 것이다.

중국의 외교안보 정책결정 구조, 조직, 그리고 그에 따른 결정과정은 시진핑 집권 이후에 변화가 발생했다. 바로 미국의 국가안전보장회의(NSC: National Security Council)의 중국판이라 할 수 있는 국가안전위원회(國家安全委員會)의 창설이 그것이다. 2013년 11월 개최된 중국공산당 제18기 중앙위원회 3차 전체회의(18기 3중전회)에서 공산당 중앙위원회 차원의 두 가지 조직개혁안이 제출되었다. 바로 '개혁심화영도소조'의 창설이었다. '개혁심화영도소조'는 국내적 차원에서 진행 중인 경제성장방식 질적전환을 가속화하기 위해 창설된 것이다. 또 다른 차원의 중요한 조직개혁안은 '국가안전위원회' 창설이었다. '국가안전위원회'는 국가안보체제와 전략수립을 보다 체계적으로 관리함으로써 안보를 강화하기 위한 목적으로 설립했다.

'국가안전위원회'는 중국 지도부가 직면하고 있는 중국 국내외 안보문제에 대해 종합적이고 효율적으로, 그리고 전략적으로 대처하기 위한 목적으로 설립되었다. 따라서 '국가안전위원회'는 국내 정치

사회 안보문제, 대외안보 문제를 포괄적으로 다루게 되는데, 안보의 범위는 전통안보와 비전통안보를 모두 포괄한다. 따라서 국내적으로는 소수민족 분리독립 문제, 반정부운동과 민주화운동 등 중국공산당 정치체제 안정성 유지 등의 문제뿐만 아니라 환경오염, 각종 재난대응, 그리고 사이버 안보 등을 포함한다. 국제적으로는 미중관계, 중일관계, 국경선을 중심으로 한 중국 주변부 안보문제, 한반도, 해양안보 등의 전통 안보 이슈만이 아니라 국제테러리즘, 국제재난구조, 핵안전, 마약, 국제환경, 사이버 안보 등의 비전통 안보이슈도 포괄적으로 다루는 것을 목표로 하고 있다. 또한 안보개념에 있어 경제안보 개념도 포함시킴으로써 국제통상과 금융 불안에 대한 대처까지도 포함할 계획인 것으로 알려지고 있다.

'국가안전위원회' 설립으로 중국공산당 중앙위원회와 정치국, 그리고 정치국 상무위원회의 권한은 보다 강화되었다. '국가안전위원회' 설립 이전까지는 외교부, 국방부, 국가안전부, 대외연락부 등에서 올라오는 외교안보 관련 정보와 보고를 바탕으로 '외사영도소조' 회의를 통해 주요한 정책결정을 내리기 위한 기본적인 협의과정을 거치고, 다시 정치국 상무위원회의 합의를 거치는 정책결정과정을 밟았다. 하지만 '국가안전위원회'가 설립됨에 따라 국내외 전통 및 비전통 안보 사안에 관한 관리를 하나의 조직으로 통합시킬 수 있게 되었다. 이는 국내 사법, 공안, 국가안전 관련 조직과 외교, 국방 등의 조직과 권한을 하나의 조직에 집중시키게 됨을 의미한다.

전통안보와 비전통안보

전통안보(traditional security)는 국가 간의 관계를 의미하는 국제관계에서 다른 국가로부터 가해지거나 또는 가해질 수 있는 군사적 위협으로부터 자국의 주권과 생존을 수호하기 위한 안보를 의미한다. 군사적 침입과 전쟁 등으로부터 한 국가의 주권과 영토가 끊임없이 위협받아 온 근현대 국제관계사에서 전통적으로 사용한 안보의 개념이다. 하지만 현대 국제관계에서는 전통안보 이슈 외에 환경, 재난, 테러리즘 등과 같은 군사적 위협 이외의 사안들로부터 국가와 국민의 안전과 생명이 위협받는 사례가 증가하고 있다. 그런데 이와 같이 새롭게 부상한 안보문제는 모든 국가들이 공통으로 겪고, 공동으로 대처해야 하는 사안들로서 국가 간 협력적 대응을 요구한다. 이러한 새로운 위협을 전통안보와 비교해서 비전통안보(non-traditional security)라고 부른다.

'국가안전위원회'에 관련되는 정부부처 및 조직은 외교부, 국방부, 인민해방군 총참모부, 국가안전부, 공안부, 상무부, 대외연락부, 선전부, 홍콩 및 마카오 사무 판공실, 대만공작판공실 등외에 국가해양국 또한 포함되는 것으로 알려지고 있다. 이 중 전통안보 및 대외정책과 관련해서 볼 때, '국가안전위원회' 체제에서 시진핑은 보다 많은 정책 결정권을 바탕으로 강경하고도 민족주의적 대외정책을 전개할 것으로 전망된다.

대외정책에 영향을 주는 대표적 당정(黨正) 조직을 하나로 묶을 경우, 중공중앙 선전부, 대외연락부, 그리고 국무원 산하 외교부, 상무부, 신화통신, 선전부 등이 주축을 이루고 있다. 또한 최근 중국의 해양대국화와 맞물려 대외정책 관련 주요이슈가 되고 있는 해양 및 해양영유권 문제에서는 인민해방군 해군, 공안부, 국가해양국 등이 주축을 이루고 있다. 다음으로 외교정책 전개에 있어 인민해방군의 영향력이다. 안보문제와 관련해 군부가 독자적인 행동과 입장에 나서는 경우가 있으나 전반적으로 군부에 대한 공산당의 통제는 그대로 관철되고 있다. 외교정책과 관련해서, 군부는 일상적 외교정책에 대해서는 관여하지 않고 있다. 다만 중앙군사위원회는 군사안보와 관련해 다른 국가와의 갈등사안에 대해서는 기본적인 대응과 책임을 지고 있다.

〈중국의 외교안보 정책결정 기구 및 구조(2014년 이후)〉

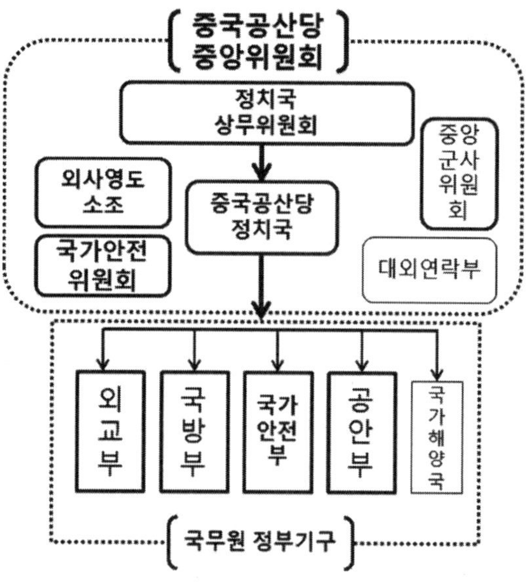

3) 중국 대외정책에 영향을 주는 새로운 요인들

개혁개방 이래 중국공산당의 사회적 통제가 상대적으로 완화되고 중국사회가 다원화되면서 외교정책에 대한 여론의 영향력이 증가하고 있다. 여론은 주로 인터넷과 SNS 등의 뉴미디어를 통해 결집되고 영향력을 행사한다. 따라서 중국의 정책결정자들은 대내정책뿐만 아니라 대외정책에서도 여론을 반영해야하는 상황이 발생하고 있다. 하지만 중국의 외교정책이 여론에 의해 이끌려가는 상황이라고 평가할 수는 없다. 왜냐하면 중국정부는 여전히 권위와 권력을 바탕으로 매체를 통제할 수 있기 때문이다. 특히 시진핑 집권 이후 중국공산당은 언론매체와 인터넷을 포함한 SNS 등 뉴미디어 매체에 대한 통제를 대폭 강화하고 있다. 동시에 사안에 따라서는 역으로 다양한 언론 및 미디어 매체를 역이용할 수 있는 관리능력을 가지고 있다.

중국의 민족주의 발흥과 대외정책의 관련성이다. 이는 여론의 영향력과도 연관되어 있는 문제이기도 하다. 중국의 지도부는 민족주의가 양날의 칼과 같음을 인식하고 있다. 민족주의의 위험성은 민족주의적 감정분출이 어디로 향할지 예측하기 힘들다는 데에 있다. 예를 들어 중국과 일본의 갈등으로 촉발된 민족주의 감정은 중국정부가 일본에 대해 강경한 입장을 표방할 수 있는 국내적 기반을 제공해 줄 수도 있다. 하지만 중일관계와 국제관계를 안정적으로 해결해나가야 할 상황에서는 정책결정 과정에서의 선택지를 제한하는 문제를 가지고 있다. 또한 예측하지 못한 사안의 발생으로 양자관계를 우호적으로 이끌어가야 할 상황에 걸림돌로 작용하기도 한다. 예를 들어 한중관계를 우호적으로 이끌어가야 하는 상황에서 양국 국민 감정을 헤치는 우연한 사안의 발생이 민족주의 감정으로 비화되면서 외교관계를 악화시키는 결과를 가져오기도 하는 것이다. 또는 대외적 관계에서의 민족주의 감정 분출이 중국공산당의 정책 실패로 화살이 돌려지는 경우에 대해서도 중국정부는 우려하고 있다.

양자관계와 다자관계

국제관계는 기본적으로 국가 간에 이루어지는 관계이다. 이러한 국제관계는 한 국가의 대외정책과 관련하여 크게 양자(兩者)관계와 다자(多者)관계로 구분할 수 있다.. 양자관계는 한 국가와 또 다른 국가 간, 즉 두 개의 국가 간에 일 대 일로 형성되어 전개되는 관계를 말한다. 예를 들어 중국과 한국, 중국과 미국, 중국과 일본 등의 관계를 의미한다. 반면 다자관계는 복수의 국가 이상, 즉 최소 3개의 국가 간에 형성되어 전개되는 국제관계를 의미한다. 다자관계를 다시 다자관계와 소다자관계로 구분하기도 한다. 다자관계는 예를 들어 유엔에서 전개되는 많은 국가들 간의 관계를 의미하고, 소다자관계는 예를 들어 한국, 중국, 미국 간 이루어지는 한미중 협의, 또는 한국, 중국, 일본 사이에 이루어지는 한중일 관계를 의미한다. 한중일 삼국은 한중일 협력 사무국을 서울에 설립해 삼국 관계를 관리하고 있기도 하다.

시진핑 집권기 들어 중국의 외교정책은 기본적으로 대외관계 안정에 중점을 두고 있다. 특히 중국의 지도부는 미국과 중국 사이에 여전히 현격하게 차이가 나는 양국 간 국력 차에 대해 잘 인식하고 있다. 따라서 중국은 미중관계를 갈등과 충돌보다는 여전히 공존과 협력을 모색하고 있다. 하지만 그럼에도 불구하고 중국의 대외정책은 현재 강대국으로서의 지위와 능력, 그리고 그에 맞는 대국외교를 전개해야 한다는 방향으로 변화하고 있다. 이러한 인식이 여전히 미성숙한 중국의 종합국력과 국내 정치경제적 제약에 의해 억제되고 있는 것이다. 중국의 지도부는 이와 같은 제약조건들을 극복하기 위해 군사력 증강과 정교한 외교전략 개발수립 등을 중점적으로 추진하고 있다. 따라서 상황에 따라 중국이 항상 안정적인 대외관계를 유지해야한다는 '도광양회' 기조를 고수할 것이라고 볼 수 없으며, 점차 공세적인 행태를 보여줄 가능성이 높다고 전망할 수 있다.

3. 글로벌 거버넌스와 중국

중국이 글로벌 다자외교에 적극적으로 나서기 시작한 시기는 대략 1990년 중반부터이다. 중국은 개혁개방 정책 이후 대외개방 폭을 확장하면서 국제사회와의 교류를 점차 활발하게 진행하였다. 국제사회와의 교류 확대는 글로벌 거버넌스에 중국의 보다 많은 참여를 요구했다. 국제사회로의 참여 확대는 냉전시기 이념적 기준을 바탕으로 대외관계를 접근하는 태도의 변화를 동시에 필요로 했다. 이러한 배경에서 중국은 이른바 '신안보관'을 내세웠다. '신안보관'은 국제안보가 과거 냉전시기의 체제와 이념을 둘러싼 군사적 갈등과 대치 중심의 안보관에서 환경, 재난, 테러리즘 등 비전통 안보까지 포괄하는 개념으로의 전환을 의미한다. '신안보관'의 의의는 비전통안보를 안보개념에 포함시킴으로써 다른 국가들과 제로섬적인 대치를 넘어 공동의 협력을 추구하는 방향으로의 전환을 의미한다는 점에서 중요하다. 이러한 안보관은 중국이 미국 등 서방국가들과 지역 다른 국가들과의 안보협력에 나서도록한다는 의미를 가지고있는 것이다. 또한 중국이 글로벌 거버넌스의 다양한 영역에들에 참여하고 공동의 협력을 추구한다는 의미를 가지고 있다.

1990년대 이후 중국은 글로벌 거버넌스를 위한 다양한 국제 다자기구에 적극적으로 참여해 오고 있다. 1991년 아시아 태평양 경제협력체(APEC)에 참가한 이후, 1992년 핵확산금지조약(NPT)에 가입, 1994년 아세안지역포럼(ARF, Asean Regional Forum)에 참가 하는 등 여러 국제 다자기구와 국제조약 등에 가입해 오고 있다

글로벌 거버넌스

글로벌 거버넌스(Global Governance)란 세계적으로 모든 국가들이 공유하고 있는 공동의 문제들을 집단적으로 관리하는 것을 의미한다. 여기서 공동의 문제에는 안보, 경제, 환경, 재난, 인권, 그리고 통신과 교통 등과 같은 공공서비스 분야를 모두 망라한다. 집단적으로 관리한다는 의미는 정부와 비정부 기구 등 공식적, 비공식적 행위자들이 모두 포함되어 공동으로 관리하는 것을 말한다. 이와 같이 세계적인 공동의 문제를 국제조직, 각국 정부와 민간이 참여해 관리하는 행위, 도구, 규칙 등을 통칭해 글로벌 거버넌스라고 한다.

또한 중국은 아시아 지역수준에서의 지역 다자협의체와 기구 등에 참가하거나, 주도적으로 설립하여 운영해오고 있다. 1996년 중국과 러시아를 중심으로 중앙아시아 국가들이 포함된 '상하이 파이브(Shanghai Five)'를 조직한 이후, 이를 발전시켜 현재의 상하이협력기구(SCO)를 주도해나가고 있다. 이 외에도 동남아 국가들의 다자협의체인 아세안(ASEAN)과의 협력을 강화하면서 ASEAN+1, 한국과 일본이 포함된 ASEAN+3(APT) 등으로 지역 다자협의체와의 관계를 활성화하고 있다.

중국이 참여하고 있는 국제 다자기구와 국제조약의 영역 또한 군사안보, 환경에너지, 국제금융 및 통상, 어업, 야생동물보호, 재난구호 등에 이르기까지 매우 다양한 영역으로의 참가와 가입이 폭을 확장해오고 있다. 중국은 2017년까지 약 75개의 공식 국제기구(international organization)에 가입하고 있으며, 약 200개 이상의 국제조약에 서명했다. 이로써 중국은 거의 대부분의 정부간 국제기구(IGO)에는 가입하고 있다. 또한 중국은 1971년 유엔에 가입하고 대만을 대신해 유엔 안전보장이사회(UNSC, the United Nations Security Council) 상임이사국(P5, the Permanent Five)의 지위를 유지하고 있다.

국제기구(International Organization)

국제기구란 일정한 목적을 달성하기 위해 복수의 국가들이 합의해 구성되는 조직으로서, 국제법과 조약에 의거해 설립된다. 국제기구는 독자적인 조직과 운영 규칙을 갖게 된다. 국가간에 협의에 의해 설립됨으로 기본적으로 '다자기구(multilateral organization)이다. 국제기구에는 각 국가의 정부 간에 국제법과 조약에 의해 설립되는 정부간 국제기구(IGO, International Government Organization)과 시민단체와 같은 비정부 조직 간에 설립되는 국제 비정부 기구로 (INGO, International Non-Governmental Organization)로 크게 구분할 수 있다. 대표적인 정부간 국제기구는 유엔(UN)이다.

중국이 글로벌 거버넌스 과정에 참여의 폭의 확대하고 보다 많은 역할을 하면서 중국의 참여 방식에 대한 평가가 다양하게 나오고 있다. 즉, 중국이 세계 2위의 경제대국으로서, 그리고 유엔 상임위원회 이사국으로서의 위상에 걸맞은 기여를 하고 있는가에 대한 평가이다. 중국의 위상과 기여에 대한 평가는 부정적이다. 중국은 경제, 안보, 환경, 인권 등의 문제를 관리하기 위한 국제기구와 국제조약에 광범위하게 참여하여 강대국으로서의 영향력을 행사하고자 하고 있으나, 그에 걸맞는 기여와 역할에는 소극적인 것이 현실이다. 글로벌 거버넌스를 관리하는 기구의 참여자로서의 권리와 혜택을 주장하는 데는 적극적이지만, 그에 따르는 의무를 이행하는데 있어서는 여전히 소극적인 자세로 일관하고 있다. 국제법과 국제조약에 가입하여 자국의 이익을 강하게 주장하지만, 의무를 이행해야하는 사안에 대해서는 중국이 1인당 국민소득 기준으로 여전히 개발도상국 수준에 머물러있다고 주장한다. 환경, 에너지, 인권 등에 문제에서 중국의 의무회피는 두드러진다. 하지만 중국은 현재의 글로벌 거버넌스 규칙이 자국의 이익에 맞지 않을 경우, 이러한 규칙이나 질서를 개편하고자 한다. 중국은 글로벌 거버넌스에 적극적으로 참여하고 있으나 자국의 이익에 따라 선택적으로 관여하면서도 중국의 위상과 영향력을 주장하는 양면성을 보이고 있는 현실에 머물러 있다고 평가할 수 있다.

4. 세계로 진출하는 중국*

2008년대 후반 이전까지 중국은 세계 정치경제 질서를 배우고, 적응하며, 성공적으로 국제사회의 일원으로 편입되는 것을 지향했었다. 하지만 중국은 이제 더 이상 국제사회에 경제적으로나 정치적으로 편입하는 것에 만족하지 않는다. 2010년대 들어 중국이 지향하는 것은 대폭 성장한 중국의 국력과 위상에 맞는 대우를 받으며 국제사회의 다양한 이슈들에 영향력을 행사하는 것이다. 더 나아가 중국은 국제법과 국제규범을 포함해 정치경제적으로 형성되어 운영되고 있는 세계 정치경제 질서를 미국과 서구 사회의 이익을 대변하는 질서로 규정하고 있다. 그리고 이러한 질서를 새로운 조건과 환경에 맞추어 개편해야한다고 주장한다. 여기에는 달러 중심의 세계금융질서, 서구 사회가 지향하는 높은 수준의 자유무역협정, 동중국해와 남중국해를 중심으로 한 해양안보, 인권과 환경, 그리고 이러한 사안들을 규율하는 국제법과 국제규범 등이 포함된다. 이러한 질서규범이 중국이 세계로 영향력을 확장하는데 유리하지 않는 것으로 판단하고 있기 때문이다.

---

* 본 장은 다음과 같은 연구저작을 재정리한 것임. 이지용(2014), 중국 일대일로 전략의 정치경제적 함의와 시사점, 주요국제문제분석, 국립외교원; 이지용(2015), 중국 신실크로드 전략의 정치경제적 함의, 「외교」, 113: 39-50.

1) 중국의 세계진출과 '일대일로'

중국은 세계 정치경제 질서에 대한 도전과 함께 대외적인 대규모 개발투자 사업을 추진하고 있다. 그 대표적인 예가 '일대일로(一帶一路)' 신실크로드 전략이다. 중국은 중국과 아시아, 유럽과 아프리카를 포괄하는 신실크로드 전략을 추진하면서 국제적 경제협력지대 구축에 나서고 있다. 2013년 9월, 10월 중앙아와 동남아 방문 시, 시진핑은 각각 육상 신실크로드(一帶)와 해상 신실크로드(一路) 구축을 제의했다. 이와 같이 제기된 '일대일로' 신실크로드 전략은 2013년 11월 개최된 중국공산당 중앙위원회 제 18기 3차 전체회의(18기 3중전회)에서 중공중앙의 '전면적 개혁심화에 있어 몇 가지 중대 문제에 대한 결정'에서 공식적으로 결정되었다. 이어서 2014년 개최된 '12기 2차 전국인대'에서 국무원 총리의 '정부업무보고'를 통해 비준함으로써 중국의 국가전략이 되었다. 그리고 2015년 양회를 거치면서 중국의 경제발전, 외교전략 등의 키워드가 되고 있다. 중국은 또한 일대일로 전략의 금융플랫폼으로서 2014년 10월 24일 21개국이 참여하는 아시아인프라투자은행(AIIB) 설립을 공식 선언했다. 공식 창설멤버 국가 수는 57개국(중국 포함)에 달하고 있다. 시진핑 정부가 일대일로 전략을 세운 배경은 국내 정치, 경제, 그리고 대외 정치경제적 요인으로 구분해 설명할 수 있다.

'일대일로' 전략 추진의 국내 정치적 배경으로는 시진핑 집권 후 제시된 "중국몽(中國夢)"의 발전전략을 정형화함으로써 정권의 업적과 정당성을 국내에 홍보하고 지지를 유도하는 것이다. '일대일로(一帶一路)' 는 중국의 경제가 성장하면서 진행해 온 에너지자원 수급 안정화, 중국의 국내경제권과 주변부 지역경제의 통합, 해외시장 진출 등을 시진핑 시기의 국정과제이자 종합적 미래비전 전략이다. 일대일로가 전혀 새로운 발전전략 개념은 아니지만, 중국의 국정과제로 설정되고 구체적 계획과 금융 플랫폼을 갖춤에 따라 보다 전략적 관점에서 추진할 것으로 보인다.

중국은 개혁개방 이래 2000년대까지 고도경제성장을 구가할 수 있었다. 하지만 2010년대 들어 경제성장 동력이 현격히 떨어지는 국면을 맞이하고 있다. 이러한 중국경제 상태를 의미하는 용어가 '신창타이(新常態)'이다. 경제성장 동력이 떨어지고 새로운 신성장 동력을 모색하고 있는 중국은 '일대일로' 신실크로드 전략을 추진함으로써 신규 투자수요 창출, 저부가가치 산업 이전과 국내 산업구조 고도화 등에 유리한 출구를 마련할 수 있다. 왜냐하면 '일대일로'가 본격적으로 추진되면 항만, 도로, 철도, 공항 등의 인프라 시설 건설 등에 추가 투자수요를 발생시키면서 국유기업 중심으로 과잉투자 되어 온 중국의 유휴생산설비 문제를 해소시킬 수 있는 출구를 제공해 줄 수 있기 때문이다. 또한 '일대일로'를 추진하면서 물류 및 산업 인프라 구축을 통해 주변국과 중국 서부, 중부, 남부 경제권을 경제회랑으로 연결시킨다는 계획을 가지고 있다. 이를 통해 중국은 주변국에 저부가가치 사양 산업을 이전하면서 국내적으로는 고부가가치산업으로 이전을 촉진할 수 있게 된다. 이는 현재 중국이 추진하는 국내산업 구조조정을 매우 효과적으로 진행할 수 있도록 해준다.

보다 거시적, 장기적 관점에서 보면, 중국은 '일대일로' 전략 추진을 통해 대중화경제권(大中華經濟圈)을 형성하고, 경제적 영향력을 바탕으로 정치적 영향력을 확대함으로써 유라시아 방면에서 21세기 중국 중심의 중화질서 구축을 지향하고 있는 것으로 보인다. 우선, 경제적으로 '일대일로' 신실크로드 연선(沿線)에 걸쳐 인프라와 경제협력지대를 구축하고, 동시에 이 지역을 포괄하는 자유무역협정을 체결함으로써 무역통상 '제도의 고속도로'를 구축한다는 전략이다. 이를 통해 경제교류가 활성화되면 현재 중국이 야심차게 추진 중인 위안화 국제화를 촉진할 수 있고, 장기적으로 이 지역을 중화경제권으로 통합할 수 있게 된다. 정치적으로는 주변국들과의 경제 제도 및 정책의 공유를 통해 이익공동체와 운명공동체를 형성하면서 중국 중심의 지역질서를 구축할 수 있게 된다.

중화경제권(中華經濟圈)

중화경제권은 중국을 중심으로 한 생산, 투자, 소비 등 경제활동이 상호 긴밀히 연계되어 운영되는 경제권을 통칭한다. 이러한 중화경제권은 중국만이 아니라 해외 화교와 화상(華商)까지 포함되어 상호연계된 경제권을 의미한다.

명확한 개념규정은 없지만 일반적으로 소(小)중화경제권, 중(中)중화경제권, 그리고 대(大)중화경제권으로 구분할 수 있다. 소(小)중화경제권은 현재 중국대륙과 홍콩, 마카오, 대만을 포함하는 경제권을, 의미한다고 볼 수 있으며,중(中)중화경제권은 동남아 지역의 화교와 화상을 중심으로 운영되면서 대륙경제와 연계되는 경제활동 영역을, 그리고 대중화경제권은 중국을 구심점으로 그 범위가 중국 주변을 포함해 확장되어 중국경제와 산업, 투자, 소비시장 등이 연계된 경제권을 의미한다고 볼 수 있다. 따라서 중국이 해외로 경제적 확장을 이어나가면서 중화경제권은 확장되어 형성될 수 있는 것이다.

'일대일로'로 연결되는 경제권을 보면 대륙방면인 '일대(一帶)'에서 러시아와 중앙아, 동서남아, 터키와 중동, 독일을 중심으로 한 유럽 경제권 등이 있으며, 해상방면인 '일로(一路)'에서 동남아, 서남아, 아프리카, 그리고 유럽 등을 포함한다. 중국은 '일대일로' 전략을 추진하면서 신실크로드에 포함되는 이들 지역과 국가들이 중국과 '이익공동체'를 형성함과 동시에 '운명공동체'를 맺게 될 것이라는 전략적 목표를 갖고 있다. 신실크로드 전략이 결과적으로 중국과 경제적으로 이익공동체를 형성하고 대중화경제권(大中華經濟圈)을 형성하게 될 것이라는 낙관적 전망에 기반한다.

'일대일로' 연선(沿線)에 포함된 대부분의 국가들 또한 중국의 '일대일로' 전략과 자국이 추진해온 실크로드 또는 경제권 형성 전략과의 정합성(整合性)을 긍정적으로 평가하고 있다. 무엇보다도 이들 국가들은 교통, 통신 및 물류기반 조성에 따른 경제효과 등을 기대하면서 환영하는 입장을 보이고 있다. 그런데 '일대일로'에 포함되는 국가들은 각각 자국 중심의 경제발전 전략을 이미 수립해 추진 중에 있다. 예를 들어, 러시아는 이미 러시아와 구소련(舊蘇聯)에 속한 국가들을 경제적으로 통합한다는 '유라시아연합(EAU: Eurasian Union, 또는 EEU; Eurasian Economic Union)을 추진하고 있고, 화폐동맹을 통해 역내(域內) 단일통화체제를 구축한다는 계획을 갖고 있다. 그리고 독일을 중심으로 한 유럽, 러시아를 주축으로 한 중앙아, 인도, 그리고 터키와 중동 등은 지역 산업경제 기반을 구축해 자국 중심의 경제권을 형성하고 있다. 따라서 일대일로가 성공적으로 진행되어 무역통상 그리고 투자의 활성화가 되더라도, 이것이 중화경제권에 흡수되는 것을 의미하지는 않는 것이다.

또한 이들 국가들은 중국이 자국의 영향권을 침식해 들어오는 것에 대해서는 경계하고 있는 것이 사실이다. 이러한 점을 감안할 때, 중국이 상정하고 있는 '운명공동체'를 형성하는 것은 쉽지 않을 수 있다. 대표적인 예가 러시아이다. 러시아는 서방에 대항해서 현재 중국과 전략적 이해를 공유하고 있으나 중국의 경제적, 정치적 영향력이 러시아의 정치경제적 영향권 권역으로 확장되는 것을 경계하고 있다. 따라서 '일대일로' 사업을 추진하면서 누릴 수 있는 대규모 투자는 환영할 수 있으나 중국의 영향력이 확장되는 것은 경계할 것이다. 중앙아, 동남아, 서남아 등의 개발도상국들과 저개발 국가들은 자국의 인프라 기반시설이 구축되고 경제가 활성화 될 수 있다는 기대로 적극 환영하는 입장이다. 하지만 이들 국가들 역시 중국의 영향력 확장은 경계하고 있는 상황이다.

이와 같이 중국은 '일대일로'의 비전으로 경제회랑과 자유경제지대, 그리고 자유무역협정을 통한 경제교류의 제도적 고속도로를 뚫겠다는 전략을 세우고 있으나, 사업추진 과정에서는 많은 정치적, 경제적 난관을 극복해야 한다. 특히 동남아, 서남아, 중앙아, 그리고 중동과 아프리카 등은 정치안보 불안정과 경제적 후진성을 내재하고 있는 지역에 한다. 동 지역에서 속한 저개발 국가들은 국내 정치의 불안정, 낮은 수준의 제도화 그리고 사회자본과 인적자본 등의 문제를 가지고 있는 국가들로서 경제발전을 견인할 수 있는 능력에서 한계를 보이고 있다.

중국은 또한 해당 지역과 국가들과 이른바 "운명공동체"를 구축한다는 장기 목표를 가지고 있으나 정치안보와 관련해서는 자국의 전략적 이해와 정합성을 보이는 범위 내에서 대외 정책을 공유할 것이다. 즉, 전통적으로 친중(親中) 국가로 분류되는 파키스탄, 캄보디아, 라오스 등은 예외적일 수 있다. 하지만 이들 국가들의 중국에 대한 태도도 파키스탄-인도, 캄보디아-베트남 등의 긴장관계에서 나오는 전략적 이해에 기반하고 있다. 결론적으로 러시아, 인도, 인도네시아, 터키, 중앙아 국가들 등이 중국과 경제적 이해와 상황조건적인 안보이해를 넘어 "운명공동체"를 형성할 가능성은 높지 않은 것이 국제관계의 현실이다.

2) 중국의 해외투자 확대와 위안화 국제화

중국은 외환보유고가 증가함에 따라 국부펀드를 설립해 해외 에너지 자원에 대한 투자를 확대해 오고 있다. 중국의 3대 국부펀드 자금규모는 2014년 1월 기준으로 '국가외화관리국 투자회사(약 5,679억 달러),' 중국투자공사(약 5,750억 달러 보유), '국가사회보장기금(약 1,600억 달러 보유) 등에 달하고 있다. 또한 중국은 이미 2013년 대외직접투자(ODI: Overseas Direct Investment) 규모에서 전 세계 3위 국가로 부상했다.

중국이 AIIB 설립을 추진하고 있는 첫 번째 배경은 '일대일로' 사업을 추진하기 위한 개발투자은행이 필요했기 때문이다. 예를 들어, 아시아 지역에 필요한 인프라 구축에 소요되는 재원은 2010년에서 2020년까지 역내 각 국가들의 국내 인프라에 약 8조 달러, 그리고 지역 인프라 구축에 약 2천9백억 달러가 필요한 것으로 추산되고 있다. 하지만 아시아 지역에 그와 같은 대규모 재원(財源)을 공급할 수 있는 국제다자개발은행은 이전까지 세계은행(World Bank)과 아시아개발은행(ADB)뿐이었다. 하지만, 세계은행과 아시아개발은행의 주된 투자 목적은 인프라 구축보다는 빈곤구제에 맞추어져 있었다. 또한 이 두 은행이 공급할 수 있는 재원 또한 제한적이었다. 따라서 아시아 지역의 인프라 구축 소요를 해결하기 위해서는 인프라 구축에 중점을 두는 대안적 국제다자개발은행의 설립이 필요했다. 미주(美州), 유럽, 아프리카 등 다른 지역과 비교해 볼 때, 아시아개발은행이 유일한 아시아 지역 국제다자개발은행으로서 인프라 구축 재원을 위한 추가적인 설립의 필요성이 있었던 것이다.

〈국제 다자개발은행〉

세계적 수준	세계은행(WB): IBRD, IDA, IFC, MIGA			
지역적 수준	아시아	미주	유럽	아프리카
지역개발은행 (RDBs: Regional Development Banks)	ADB AIIB(2015년)	IDB FSO IIC MIF	EIB EBRD	AfDB AfDF AFREXIMBANK

중국 주도로 지역수준에서 국제다자개발은행인 AIIB를 창설하는 두 번째 배경은 중국이 추진 중인 위안화 국제화를 촉진시키기 위한 장기 전략의 일환으로 볼 수 있다. 국제다자개발은행을 중국 중심으로 운영하게 되면 인프라 건설에 중국의 (국유)기업 진출이 주를 이루게 되고, 인프라 건설 투자와 경제지대 형성 그리고 무역의 촉진은 양방향 무역투자를 활성화시키게 된다. 이는 결과적으로 무역결제 간소화의 요구를 증가시키게 되고, 위안화 무역결제 범위가 확산되어, 해당 지역에서 위안화 국제화를 촉진시키게 되는 것이다. 이와 같이 위안화의 거래 매개 기능이 활성화되면 위안화의 가치저장 기능이 증가하게 되고, 더 나아가 위안화가 다른 국가의 회계단위로 설정됨에 따라 위안화의 위상을 대폭 제고할 수 있게 된다. 참고로 AIIB는 1000억달러(초기 500억)의 창립기금으로 시작할 예정이지만 국제 국가신용등급이 높은 국가들 영국, 독일, 프랑스, 싱가포르(무디스 Aa1), 한국(Aa2) 등을 감안할 때, 추후 채권발행 등의 방법으로 자금 조달은 그 이상으로 확대될 수 있다.

위안화 국제화

중국은 현재 위안화 국제화를 장기목표로 추진 중에 있다. 현재까지 국제금융은 미국의 달러화가 실질적인 기축통화의 역할을 하고 있다. 즉, 전 세계 환율과 상품 및 서비스 무역결재, 그리고 원자재 가격은 달러화를 기준으로 표시되고 있다. 중국은 달러화 중심의 세계금융질서가 중국의 위안화를 포함한 세계 주요 통화가 달러화의 위상과 역할을 하는 다축(多軸)통화 체제로 개편되어야 한다고 주장한다. 중국의 위안화가 전 세계에서 무역결재, 해외금융자산 보유 등에 통용되는 통화의 지위를 획득하면 중국은 경제적으로뿐만 아니라 정치적으로도 대폭 강화된 영향력을 행사할 수 있게된다. 하지만, 중국이 자국 통화인 위안화를 국제화하는데 성공하기 위해서는 국내 자본시장 개방 등과 같은 매우 어려운 과제를 해결해야한다. 그래서 중국은 위안화 국제화 이전 단계로 아시아 지역수준에서나마 위안화를 국제통화로 정착시키기 위해 위안화 지역화 전략을 추진하고 있다.

3) 세계질서에 대한 중국의 도전과 대응

시진핑 집권 이후 중국은 안보에서 '아시아 신안보관'을 제시하고, 경제에서 신 실크로드 전략, 중국 주도의 국제다자개발은행 창설(NDB, AIIB 등)과 아태자유무역지대(FTAAP) 등을 추진하는 등 국제정치경제 질서의 현상에 도전하는 공세적 대외정책을 전개하기 시작하고 있다. 중국은 개혁개방 이후 후진타오 시기까지 자국의 정치경제적 조건과 상황의 변화에 맞추어 대외정책에서 변화를 보여 왔지만 국제안보 및 경제 질서 자체에 대해 도전하는 전략과 정책을 전개하지는 않았다. 중국은 오히려 안정적인 국제안보환경을 유지하고 국제금융 및 통상질서에 적극적으로 편입함으로써 전후 미국 중심으로 편성, 유지되어온 국제정치 경제질서의 최대 수혜자였다고 평가할 수 있다. 하지만 시진핑 시기 중국은 국제관계에서 현존하는 국제정치경제 질서의 수용자이자 반응자(rule taker)에서 질서와 규칙의 설계자이자 제정자(rule maker)로 나서는 모습을 보이고 있다.

중국이 일대일로 전략을 추진하면서, 지역개발, 통상, 금융 질서를 새로이 구축하고, 동시에 정치안보에서 기존 미국과 서방세계 중심으로 형성되어 온 국제질서를 대체하려고 할 때, 미국과 일본 등을 포함한 서방세계의 대(對)중국 견제는 본격화될 수 있다. 한편, 중국이 일대일로 전략을 추진 등 세계로의 확장과 질서개편 시도에 나섬에 따라 세계경제지도의 지경학적 변화와 국제정치경제질서 변화가 시작되고 있는 현실에 있다. 중국은 국제금융질서와 지역 경제질서에 대안적 질서를 모색/추진하기 시작하고 있는데, 이러한 중국의 행보는 현재의 국제금융 및 통상 질서의 변화와 미중관계의 새로운 양상을 창출할 가능성이 클 것으로 예측할 수 있다.

제4장

중국 현대경제

1. 중국 사회주의 계획경제체제의 형성

1) 중국 계획경제체제 형성의 원인

중국에서 계획경제체제가 뿌리를 내리게 된 주요 원인을 살펴보면 다음과 같은 세 가지를 들 수 있다.

첫째, 중국은 1949년 '중화인민공화국(中華人民共和國)'의 건국으로 정치체제에서 사회주의를 채택하게 되었으며, 이때부터 전통 사회주의 경제이론과 구소련(舊蘇聯) 모델의 영향을 자연스럽게 받아들이기 시작했다. 전통적 사회주의 경제이론은 자본주의 이론에 대응하여 나타난 것으로 자본주의 경제체제, 가치관 등에 제약을 가하고자 하였다. 사회주의 경제이론은 정부를 통한 평균적 분배를 추구하는 계획경제를 이상적인 경제체제로 삼고 있다. 따라서 당시 사회주의 건설을 목표로 둔 중국에서 계획경제체제의 성립은 자연스럽고도 당연한 선택이었다.

둘째, 건국 이후 중국은 현실적으로 계획경제체제를 받아들일 수밖에 없는 상황이었다. 즉, 건국이후 '1·5 계획시기(1953~57년)'에 중국은 대규모 경제건설이라는 막대한 책무에 직면해 있었다. 즉, 그 당시 중국의 국토는 공산주의 건설과 제국주의 침략에 맞선 장기간의 투쟁으로 국토는 극도로 황폐해져 있었고 신속한 경제발전을 통한 국가안정을 추구해야 하는 절박한 위기상황에 놓여 있게 되었다. 이를 위하여 반드시 정부의 강력한 통제에 의한 고도로 집중된 계획경제체제의 도입이 시급한 상황이었다.

셋째, 자본주의가 발달하지 못한 중국의 역사적 원인을 들 수 있다. 비록 중국이 공산당을 중심으로 건국은 하였으나, 그 당시 중국의 사회적, 경제적 상황은 계속된 전쟁과 혁명으로 청(淸)나라 말기와 거의 다를 바 없는 반봉건적이며 낙후된 농업국가로서 현실적으로 자본주의 시장경제체제가 발달하기 힘든 상황이었다. 즉, 당시의 낙후된 상황으로는 기업의 분업 혹은 사회적 분업이 발전하기 힘들었을 뿐 아니라 장기간에 걸친 전쟁으로 농업 및 공업에 대한 사회전체의 수요에 비하여 공급이 심각하게 부족한 상황이었다.

중국 정부는 이러한 낙후된 경제상황과 낮은 생산력을 극복하여 국내의 불안한 정치를 안정화시키기 위하여 당면한 경제문제를 해결하기를 원했던 것이다. 이에 구소련의 사회주의 경제체제를 모델과 해결책으로 선택하여 자원배분을 통제하고 대규모의 국민경제 건설을 계획하게 되었다.

2) 중국 사회주의 계획경제체제의 장점과 문제점

중국 사회주의 계획경제체제의 주요 장점과 문제점을 중국 건국 이후의 상황과 연결시켜 살펴보면 다음과 같다.

중국 사회주의 계획경제체제의 가장 큰 장점으로 손꼽을 수 있는 것은 전국의 노동, 자원, 재정을 신속하게 국가 중요 사업에 동원할 수 있다는 것이다. 이러한 점은 특히 농업국에서 개도국으로 발전하고자 하는 국가에 있어 아주 유용한 경제운영 형태로서 국가역량을 기초공업, 특히 중공업에 투자하여 단기간에 급속한 공업화 달성을 가능하게 해 준다.

건국 당시 중국은 156개의 대·중소형 국가발전 프로젝트를 정하고 이를 신속하게 추진하여 완성시켰다. 즉, 창춘(長春) 제1자동차 제조공장, 안산(鞍山)제철소 등을 그 대표적인 예로 들 수 있다. 중국 국가건설에 가장 큰 영향을 미친 구소련 역시 이러한 발전모델을 사용하였다. 당시 구소련은 제2차 세계대전 전후의 낙후된 공업국가에서 공업 강대국을 건설하였고 신속한 공업화로 당시 세계열강 대열에 일약(一躍) 진입하게 되었는데, 이것이 당시 중국 정부가 소련식 경제발전모델을 선호하게 된 결정적인 이유로 작용하게 된 것이다.

그러나 이러한 계획경제체제는 국가 발전목표가 획일적이고, 경제구조가 단순한 상황 하에서는 적합할 수 있지만 경제가 발전함에 따라 경제구조가 복잡해지고 경제발전전략 또한 다양해지는 상황 하에서는 여러 가지 문제점을 초래할 수 있다.

한편 중국 사회주의 계획경제체제의 주요 문제점으로는 크게 다음의 네 가지를 들 수 있다.

첫째, 경제발전에 있어 무엇보다도 기업의 역할이 중요한 바, 계획경제체제하에서는 기업이 경제주체가 되지 못한다는 점이다. 계획경제체제하에서는 국가가 기업의 생산 및 판매와 관련한 제반 사항을 결정하며 그 이윤까지도 국가에 귀속하게 하고 손실이 발생하여도 이를 국가가 배상해 주도록 되어 있다. 따라서 기업은 정부의 하나의 부속물에 지나지 않으며 기업경영에 있어 어떠한 자율성도 없게 된다. 또한 기업이 정부의 계획과 통제 하에 운영되기 때문에 이윤추구에 대한 노력과 의지가 미약할 수밖에 없게 된다. 이처럼 존재 이유와 성장 동기를 잃은 기업을 경제주체로 보기에는 한계가 있다.

둘째, 비효율성과 관료주의(官僚主義)의 팽배를 들 수 있다. 계획경제체제하에서는 정부가 모든 산업을 통제하고 계획하기 때문에 생산측면에서의 비효율성을 초래할 뿐만 아니라 자원의 배분이 획일적으로 정부에 의해 주도되므로 분배측면에서도 적지 않은 비효율성이 존재하게 된다. 이러한 비효율적인 체제하에서는 도처에 관료주의가 팽배하기 쉬우며 관료주의는 해당 국가의 경제발전의 효율성을 저해하는 요소로 작용하기 쉽다.

셋째, 만성적인 생산부족을 들 수 있다. 계획경제체제하에서는 국민경제가 행정수단과 명령에 의해 관리되므로 기업의 이윤추구에 대한 동기가 미약하고 효율성이 극도로 낮아진다. 이윤추구에 대한 동기부족은 자연히 제품의 품질을 저하시키며 생산에 대한 동기가 희박하여 만성적인 생산부족을 초래하게 되어 결국 소비자의 욕구를 충족시키지 못하는 결과를 낳게 된다.

넷째, 적극성과 창조성의 결여이다. 계획경제체제하에서는 한 나라의 모든 경제현상은 물론 기업관리에 이르기까지 모두 정부에 의해 획일적으로 운영되므로 기업은 정부의 분배에, 개인은 기업의 평균적 분배에 의해 수동적으로 운영된다. 이러한 평균적 분배는 결국 개인의 적극성을 저하시킴과 동시에 기업의 창조적이고 혁신적인 발전방향에도 부정적인 영향을 미치게 된다.

2. 중국의 경제체제 개혁과 중국식 사회주의 시장경제체제의 도입

1) 중국 경제체제의 개혁

신중국(新中國) 수립 후 1·5 계획시기(1953~57년)에는 스탈린식 사회주의 계획경제체제가 비교적 충실히 운영되었다. 그러나 이후 중소(中蘇)관계가 악화되고 대약진운동(大躍進運動)이 시작되면서 마오쩌둥(毛澤東)은 소련의 스탈린식 모델을 비판하고, 중국식 사회주의 계획경제체제를 추구하고자 하였다. 그러나 대약진운동의 실패로 중국식 사회주의 계획경제는 극심한 경기침체에 직면하였고, 급기야 '문화대혁명(1966~76년)' 시기에는 중국경제를 거의 파탄으로 몰게 되었다. 이에 따라 사회주의 계획경제체제는 1978년 중국공산당 제11기 3중전회(中全會)에서 덩샤오핑(鄧小平)이 이끄는 개혁파에 의해 개혁·개방의 경제개혁이 추진되면서 마침내 붕괴하게 되었다.

대약진 운동

농촌의 잉여 노동력을 이용하여 공업생산량을 높이고 공업기술을 보급시키려는 운동으로 마오쩌둥에 의해 1958년부터 1960년까지 진행되었다. 그러나 노동자들로 하여금 부과된 목표생산량을 달성하도록 강제하자, 생산량만을 중시하게 됨으로써 상품의 품질이 저하되고 불량품을 양산(量産)하는 비효율적인 시스템으로 변질되었다. 또한, 농촌 인력이 도시지역으로 강제 이주됨으로써 농촌은 노동력 부족으로 생산력이 저하되었고, 도시는 생필품 부족난에 직면하게 되었다. 결과적으로 농업생산량 저하와 흉작, 소련과의 관계 악화로 원조 중단 등이 겹치면서 수천만 명의 아사자(餓死者)가 발생하였다. 이와 같이 대약진 운동은 중국의 경제적 문화적 수준을 20년 이상 퇴보시켰다는 비판을 받았으며 결국 마오쩌둥은 국가주석직을 사임하게 되었다.

(1) 중국 경제체제 개혁의 성격

일반적으로 중국의 경제개혁은 단지 덩샤오핑을 중심으로 한 중국 지도부가 사회주의 계획경제제도를 포기하고 자본주의 시장경제체제를 도입한 것이라고 단정하고 있다. 또한 중국 지도부가 현재 사용하고 있는 '사회주의 시장경제'라는 개념은 다만 정치적인 목적을 위한 임시적인 '방패막이'와 변명에 불과하다고 보고 있다. 그렇다면 중국의 경제개혁이란 과연 무엇을 의미하는가? 중국입장에서 볼 때 경제개혁은 '중국의 경제발전을 저해하는 모든 제도와 정책을 바꾸는 과정'이라고 정의할 수 있다. 덩샤오핑은 이를 간단히 '검은 고양이나 흰 고양이나 쥐를 잡으면 좋은 고양이다'라는 유명한 '흑묘백묘론(黑猫白猫論)'으로 결론지었다. 즉, 경제발전이라는 '쥐'를 잡을 수 있는 제도와 조치가 '좋은 고양이'이며 '경제개혁'이란 바로 끊임없이 경제발전에 유리한 제도와 조치를 찾아내는 '과정'이라는 것이다.

국내외 상황의 변화는 경제발전에 직접적인 영향을 주기 때문에 경제발전에 적합한 제도나 정책 역시 끊임없이 바뀔 수밖에 없으며, 특히 중국처럼 다양하고 변화가 빠른 사회체제 하에서 과거 어느 시기에 성공했던 경험이라 하여 영원히 적용해야 한다는 보장은 없는 것이다. 따라서 시장경제체제 하에서는 당연한 일이지만 계획경제체제에서 탈피하는 과정에 있는 중국으로서는 이러한 환경을 점진적으로 만들어 나가는 것이 매우 중요하다고 할 수 있다.

이러한 관점에서 볼 때 중국의 경제개혁은 중국의 다양한 경제주체가 자주적으로 참여하여 부단히 시행착오를 통해 경험과 교훈을 축적하는 거대한 실험이라고 할 수 있다. 중국에서 덩샤오핑을 '개혁의 총설계사'라고 하는 것은 그가 어떤 경제발전 계획이나 구체적인 정책을 '설계'했기 때문이 아니라 바로 사람들에게 과감한 실험을 통해 경제발전이라는 '쥐'를 잡을 수 있는 제도와 방법을 찾는 권리를 부여하고 어느 정도의 시행착오를 허용하는 '흑묘백묘론'의 논리를 중국사회에 정착시켰기 때문이다. 1978년에 '흑묘백묘론'이 중국 지도부의 지도적 이념으로 자리잡은 것은 중국경제체제 변화에 있어 중요한 의미를 가진다. 왜냐하면 그 이전까지 중국에서 '흑묘백묘론'은 마오쩌둥과 그의 극좌파 계승자들에 의해 줄곧 비판되어 왔으며 '흑묘백묘론' 대신 특정 이데올로기를 우선시하는 이른바 '잡초론(雜草論)'이 장기간 중국 지도부의 지도적 이념으로 자리잡고 있었기 때문이다.

중국 '문화대혁명'시대에 크게 유행한 이 '잡초론'은 '흑묘백묘론'과는 전혀 상반되는 사고방식을 보여주고 있다. '잡초론'이란 '사회주의 잡초를 심을지언정 자본주의 싹을 키워서는 안된다'라는 이데올로기 중심의 극단적인 이념을 말하는 것으로 이에 의할 경우, 만약 '자본주의적 색깔'을 가진 정책이라고 결정되었다면 그것이 경제발전에 아무리 유리하여도 반대해야 하며 거꾸로 '사회주의적 색깔'을 지닌 정책이라고 결정될 경우에는 경제발전에 아무리 손해를 주더라도 무조건 실시해야 한다는 것이다.

결국 마오쩌둥과 그의 극좌파 계승자들이 기존의 '잡초론'을 중국 지도부의 지도 이념으로 유지하고 있는 한 중국의 근본적인 개혁은 불가능할 수밖에 없었다. 따라서 중국이 변하려면 더 이상 사회주의와 자본주의 성질에 관한 마오쩌둥의 이데올로기와 언행을 가치 판단의 절대적 기준과 행동의 지침으로 삼지 말고 그 대신 경제건설과 실험 결과를 우선시하는 사고방식을 가져야 했다. 덩샤오핑의 '흑묘백묘론'은 바로 이러한 객관적인 필요에서 나온 것이며 이것이 중국 경제체제 개혁을 가능하게 했던 원동력이 된 것이다.

(2) 중국 경제체제 개혁의 배경

1950년대 초 소련의 흐루시초프는 소련 공산당 내에서 '스탈린 격하운동'을 벌여 스탈린식의 일부 지도적 이념을 거부하려고 했으나 국내외적으로 매우 큰 저항에 부딪친 적이 있으며 이는 나아가 중소 관계 결렬의 결정적인 원인이 되었다. 사실 마오쩌둥이 '문화대혁명'이라는 정치운동을 일으킨 근본적인 원인도 따지고 보면 자신의 사후(死後)에 중국 지도부 내에서 '제2의 흐루시초프'와 같은 인물이 나타나 기존의 정치노선과 지도적 이념을 수정하는 것을 방지하기 위한 것이었다. 마오쩌둥의 예감은 적중했지만 역사는 결국 마오쩌둥의 노선을 변경한 덩샤오핑의 손을 들어 주었다.

중국의 상황에서 마오쩌둥이 사망한 후 만약 덩샤오핑이 흐루시초프처럼 공개적으로 '마오쩌둥 격하운동'을 하게 된다면 엄청난 사회적 혼란이 발생했을 것이다. 특히, 마오쩌둥의 정치노선에 대한 공개적인 부정은 덩샤오핑과 중국 공산당의 정통성에 대한 부정으로 이어질 수 있기 때문에 중국 정치제도 자체에 커다란 위협이 될 수 있었다.

그러나 노련한 정치가인 덩샤오핑은 결국 큰 혼란 없이 마오쩌둥의 노선을 수정하는데 성공하게 되었다. 실제로 현재 중국에서는 공산당의 지도적 역할을 제외하고 마오쩌둥 시대의 정치, 경제, 사회적인 흔적을 찾아보기 어렵게 되었다. 심지어 개혁·개방을 '자본주의로의 복귀'라고 하면서 전면적인 비판태도를 취하는 소수의 극좌파들도 마오쩌둥 시대의 정통적인 '잡초론'자 보다는 훨씬 개방적인 사고방식을 가지고 있을 정도로 중국 사회가 이미 크게 변한 것이다.

1976년 마오쩌둥 사망 이후 그의 유훈(遺訓)에 의해 정권을 장악한 화궈펑(華國鋒)과 그 일파(一派)는 마오쩌둥의 부인 장칭(江青)을 중심으로 한 극좌파들을 과감히 제거함으로써 중국이 정치적으로 혼란에 빠져 들어갈 위험을 사전에 방지하였다. 또한 그들은 문화대혁명의 종결을 선포함과 동시에 경제건설을 중심과제로 하는 방침을 세우는 등 약간의 개혁을 실행하기 시작했지만 마오쩌둥 시대의 노선과 사고방식을 근본적으로 바꿀 용기와 능력을 갖지는 못했다.

화궈펑 지도부의 경제운영 미숙에 따른 정책실패로 인해 당시 중국 지도부 내의 개혁파를 중심으로 근본적인 경제개혁의 필요성을 주장하는 목소리가 한층 높아져 갔다. 따라서 마오쩌둥의 '잡초론'을 계속 견지해 온 화궈펑 일파 대신에 '흑묘백묘론'을 일관적으로 견지해 온 덩샤오핑이 복권하여 경제개혁을 추진하게 되었다. 이와 같이 마오쩌둥이 사망한지 불과 2년만인 1978년에 개혁이 시작되었으며 이러한 개혁이 급속히 진전되었던 것은 중국에 덩샤오핑이라는 '개혁의 총설계사'가 있었기 때문이다.

덩샤오핑은 집권한 후 '마르크스·레닌주의와 마오쩌둥 사상을 견지하고 사회주의 노선을 견지하며 인민민주주의 독재를 견지하고 공산당의 지도적 지위를 견지한다'는 이른바 '4가지 기본원칙'을 제시하였다. 이 중 가장 중요한 것은 공산당의 지도적 지위를 견지한다는 것으로 이는 당시 중국 각 계층의 이익구조를 기본적으로 그대로 인정한 것으로 급격한 변화로 인한 사회의 혼란을 방지하는데 중요한 역할을 하였다.

덩샤오핑은 또한 마오쩌둥에 대해 공헌이 절대적으로 크지만 과오도 있다고 평가하는 동시에 마오쩌둥의 과오가 집권당인 공산당 자체의 과오이기도 하다는 식으로 당시 역사와 마오쩌둥의 역사를 일체화시킴으로써 덩샤오핑이 마오쩌둥의 사업을 계승한다는 점을 부각시켰다. 또한 개혁을 통해 공산당 자신이 이러한 과오를 바로 잡을 것이라고 선언함으로써 덩샤오핑은 마오쩌둥의 노선을 배반했다는 비난을 면했을 뿐만 아니라 마오쩌둥의 업적을 공산당의 지도력 강화와 정치체제 유지에 이용할 수 있었다.

그러나 덩샤오핑의 개혁사상의 핵심은 전술한 바 있는 '흑묘백묘론'으로서 마오쩌둥과는 반대로 그 어떤 이념이나 이데올로기의 전제조건 없이 다만 생산을 증대시키고 사람을 부유하게 할 수 있는 것이라면 그대로 실행하라는 것이었다. 또한 효율성을 중시하면서 모든 것을 실험을 통해 검증하라는 덩샤오핑의 논리는 국민들에게 설득력을 가지고 있었을 뿐 아니라 정치적 반대파들에게 비판의 여지를 남겨 놓지 않았다. 그는 또한 정치적인 면에서 개혁은 반드시 공산당의 지도를 전제로 해야 한다는 가장 중요한 한계를 그었으며, 만약 그 누가 덩샤오핑의 경제정책을 비판한다고 해도 실험을 통해 중국에 적합한 방식을 찾아야 한다는 그의 논리는 부정할 수 없을 것이다.

(3) 중국 경제체제 개혁의 단계적 과정

1978년 이후 중국은 경제체제개혁을 시작하여 건국이후 수십 년간 계속되어 오던 계획경제체제를 '사회주의 시장경제체제'라는 중국 특유의 경제체제를 건설하고자 노력하고 있다.

중국 경제체제의 개혁과정은 실제로 전통적인 계획경제체제의 지속적인 약화와 축소로 이어져 결국 계획경제체제가 해체되는 과정으로 설명될 수 있다. 아울러 중국특유의 사회주의 시장경제체제를 건설하여 시장경제체제를 지속적으로 강화, 확대하는 발전과정으로 볼 수 있다. 이와 같은 중국의 경제체제 개혁은 국민경제의 모든 영역에 엄청난 영향을 미치고 있다. 하지만 주지(周知)해야 할 사실은 중국의 경제체제개혁이 사회주의체제하에서 진행된 개혁이지 사회제도나 정치제도의 개혁은 결코 아니라는 점이다.

① 경제체제개혁의 발전단계

중국의 실질적인 경제체제개혁은 1978년 말 덩샤오핑의 경제개혁과 함께 시작하였으며 다음의 4단계로 나누어 설명할 수 있다.

○ 농촌개혁을 중심으로 한 제1단계(1978~1984년)

중국의 경제체제 개혁은 1978년 12월에 개최되었던 중국공산당 제11기 3중전회(中全會)로부터 시작되었다. 이 회의에서 당과 국가의 목표를 이데올로기 중심에서 경제건설 중심으로 전환할 것을 결정함과 동시에 과거 중앙집권적 경제관리 체제의 문제를 지적하면서 분권화(分權化)와 물질적 유인(誘因) 제공을 중심으로 하는 개혁방향을 제시하였다.

중국 경제체제 개혁의 초기 단계에 있어서는 농촌 개혁이 주를 이루었는데, 그 핵심은 집단농장의 해체와 이를 대체하는 '농가책임경영제(農家責任經營制)'의 채택을 들 수 있다. 이 제도 하에서 모든 농가는 국가로부터 일정한 토지를 분배받아 15년 동안의 경작권을 보유하여 자율적으로 경영하고, 농업세를 납부하며, 수확의 일부를 국가가 지정한 가격으로 판매하는 등의 기본적인 의무를 수행한 후 잉여 농산물 전부를 자유로이 처분하도록 허락함으로써 개별 농가에게 큰 이득을 가져다주게 되었다.

농업부문에서의 이러한 개혁은 큰 성과를 거두어, 1978~84년 연평균 농업생산액 증가율이 8.5%에 이르러 개혁·개방 이전의 2.5배 이상으로 상승하였고, 곡물 생산량도 연평균 8%의 높은 증가율을 보였다. 특히 이러한 성과가 생산요소 투입의 증대에 기인하기보다 생산성 향상의 결과로 얻어졌다는 점에 크게 주목할 필요가 있다. 이러한 농업 생산성 및 소득 증대의 결과로 농촌에서의 잉여 노동력 방출과 자본축적이 가능해 졌으며, 향진(鄕鎭)기업의 성장과 농촌지역의 공업화가 크게 진전되는 성과를 낳게 되었다.

향진기업(鄕鎭企業)

향진기업은 농촌지역에 설립되는 대표적인 집체기업이다. 향(鄕)과 진(鎭)은 중국 농촌의 행정단위를 의미하는데 시(市) 아래에 향과 진이 있다. 향진기업은 향, 진 소속의 농민들이 중소기업을 설립하고 경영과 생산 및 판매를 자율적으로 결정하여 운영하는 기업이다. 향진기업은 원칙적으로 독립채산제(獨立採算制)로 운영되며 행정기관에 등록하고 납세의 의무를 진다. 1997년부터 시행하고 있는 <중화인민공화국 향진기업법>에 따르면 향진기업이란 '농촌집단 경제조직 혹은 농민이 주(主) 투자자이며 향과 진에 위치해 농업을 지원하는 각종 기업을 말한다'라고 규정하고 있다. 향진기업은 농촌의 잉여노동력을 흡수하는 기능을 하였으며, 동시에 농촌인구의 급속한 도시유입에 따른 각종 사회적 문제를 억제하는 기능을 수행하였다. 따라서 향진기업은 농촌 공업화의 주체로서 '농민이 토지를 떠나도 농촌은 떠나지 않으며(離土不離鄕), 공장에 들어가도 도시로 이주하지 않는(進廠不進城)' 역할을 수행함으로써 중국 농촌경제를 지탱하는 막강한 풀뿌리 경제주체로 자리매김하고 있다.

한편 이 기간 중 도시지역에서도 약간의 개혁 조치가 시도되었다. 우선 상업 및 서비스 부문을 중심으로 개체호(個體戶)라고 불리우는 8인 미만의 종업원을 고용하는 소규모 개인기업의 설립을 허용하였으며 국유(國有)기업에 대해서도 일부 경영 자주권이 부여되었고 이윤유보제가 실시되었다. 이윤유보제란 과거에 국가재정에 흡수되었던 이윤의 일부를 자체 유보하고 이를 기업 내에 생산발전기금, 종업원 복리기금, 보너스 기금 등으로 나누어 사용하도록 하는 것을 말한다. 그러나 이러한 일련의 개혁조치의 효과는 미미한 수준에 머물렀다. 그 이외에도 경제특구의 설치 및 외국인 직접투자의 유치 등 이 시기에 시작되었던 대외개방 정책은 그 이전의 자력갱생(自力更生) 정책과 뚜렷이 구별되는 것으로, 이후의 대외개방 확대 및 심화에 큰 기여를 하게 되었다.

국유기업(國有企業)

중국에서 국유기업이란 회사소유자가 국가인 기업을 가리키며, 중앙 및 지방의 국가기관이나 사업소가 관리, 경영하는 기업을 말한다. 이를 다른 이름으로 '전민소유제(全民所有制)기업'이라고 부르는데 이는 생산자재가 공유(公有), 즉 '전인민 소유'라는 의미로 사회주의 공유제적 성격을 그대로 가지고 있기 때문이다. 그러므로 중국의 국유기업은 '소유권은 국가에 있으나 경영권은 독립한 경영실체'로 정의할 수 있다. 중국에서는 1993년 헌법 개정 때 '국영(國營)기업'을 '국유기업'으로 바꾸어 '국가가 소유와 동시에 경영을 하는 기업'이라는 의미의 국영기업 개념을 '국가가 소유는 하되 경영은 기업자신이 자주적으로 하는 기업'이라는 의미의 국유기업으로 전환하였다. 이러한 정의는 기업 발전을 위한 경영자주권의 확대라는 의미에서 통용되고 있다. 사회주의 국가인 중국에서 국유기업은 '사회주의 공유제의 유일한 실현 형식으로서 국유경제의 미시경제조직이며 기본단위이다.

○ 도시 부분으로 확산된 제2단계(1984~1988년)

농촌 중심의 제1단계 개혁이 큰 성과를 거두면서, 1984년 이후의 경제개혁은 보다 체계화되는 동시에 개혁의 중심이 도시 상공업 부문으로 확대되는 새로운 단계로 접어들게 되었다. 이러한 새로운 단계로의 진전은 1984년 10월 중국공산당 제12기 3중전회를 계기로 이루어졌다고 할 수 있는바, 이 회의에서 채택된 「경제체제 개혁에 관한 결정」이 제2단계 개혁의 기본방향을 제시하였다.

상기 '결정'에 의하면, 기업의 활력을 제고하기 위하여 정부와 기업의 직능을 분리하고 합리적인 가격체제를 수립하여 시장의 자원배분 기능을 확대해 나간다는 것은 기존 경제체제의 핵심을 개혁하겠다는 의미를 갖는다고 볼 수 있다. 그러나 당시의 개혁이 시장경제로의 이행을 목표로 하는 것은 아니었고, "계획경제와 시장 조절기능의 결합" 또는 "공유제(公有制)를 기초로 하는 계획적 상품경제" 등의 성격을 갖는 이른바 중국특색의 사회주의 건설을 내세우고 있다. 또한 1987년 제13차 전국당대회에서는 이러한 논리들을 전체적으로 정당화하는 이론적 기초로서 이른바 '사회주의 초급단계론(初級段階論)'을 제시하였다. 사회주의 초급단계론에 의하면 중국은 생산력이 낙후되어 사회주의 초급단계에 머물러 있기 때문에 우선적인 임무인 생산력 발전에 매진해야 한다는 것이다. 이 이론에 따르면 생산력이 낙후한 중국으로서는 생산력 발전, 즉, 경제건설이 가장 우선 과제여야 한다는 것이다.

이 시기에 실시된 체제개혁의 특징으로서 이른바 이중체제(二重體制) 형성을 들 수 있다. 좁은 의미의 이중체제는 계획과 시장의 병존을 의미하는 것으로서, 과거 정부의 계획과 통제에 따라 생산을 하던 국유기업에 대하여, 일정 부분의 생산은 여전히 계획체제 하에서 이루어지도록 하되 이 계획의 할당분을 초과하는 생산에 대해서는 시장을 통한 자유로운 거래를 허용한다는 것을 말한다. 한편 넓은 의미의 이중체제는 계획과 시장의 병존은 물론이거니와 소유제의 다양화도 포함하는 것이다. 기존 국유기업의 사유화 개혁에는 매우 신중한 입장을 유지하되, 개인기업(個體戶), 사영기업(私營企業), 외자기업(外

資企業) 등 새로운 비국유기업의 등장을 허용하였다. 결국 이러한 개혁은 새로운 기업의 시장진입을 확대하고 소유제를 초월하여 기업들 간의 시장경쟁을 유도함으로써 자원배분의 합리화와 효율화에 크게 기여하였다.

이 시기에는 또한 금융, 재정 및 세제, 대외무역, 외자도입 등 경제 전반에 걸쳐서 시장경제적 요소가 광범위하게 도입되었다. 이들 부문의 개혁은 과거 중앙이 독점하였던 권한을 광범위하게 지방 및 기업으로 이양하는 분권화 개혁이 그 핵심을 이루었다. 즉, 과거의 단일 은행체제에서 탈피하여 새로운 은행 및 비은행금융기관의 설립 및 이를 통한 금융기능의 효율성 제고, 지방과 중앙정부 간의 재정청부제(財政請負制) 실시를 통한 지방 경제성장에의 적극성 제고, 지방 대외무역회사의 설립 허용을 통한 중앙의 독점적 대외무역권의 철폐 및 수출대금 중 일부 외환의 지방 및 기업 내 유보 허용, 외자도입 승인 권한의 지방 이양 등이 실시되었으며, 이로 인해 지방의 경제적 권한이 크게 확대되었다.

○ 조정(調整)을 중심으로 한 제3단계: 치리정돈(治理整頓) 시기 (1989~1991년)

중국 정부는 1980년대 말 본격적인 가격개혁을 준비하여 실질적인 가격자유화 실시단계에 들어섰으며 이러한 가격개혁 실시 전망에 따른 인플레 기대심리는 심한 사재기 현상과 저축의 인출 및 이에 따른 높은 인플레를 야기하였다. 이와 같은 1980년대 말의 고인플레와 1989년 천안문(天安門)사태로 인한 경제적, 사회적 불안 확대에 대응하여 중국 정부는 안정 확보를 국정의 최우선 과제로 삼게 되었다. 이에 따라 강력한 긴축정책이 실시되었는데, 특히 인플레 억제를 위하여 가격통제와 대출억제 형태의 행정적 수단을 통한 금융긴축이 실시되었다. 또한 일시적이고 부분적인 개혁후퇴도 나타났는데, 그 대표적인 조치로 본격적인 가격개혁의 연기와 80년대 후반 급속히 증가했던 비국유기업에 대한 통제강화를 들 수 있다.

그러나 이러한 치리정돈 시기에도 기본적인 개혁방향은 지속되었다고 볼 수 있다. 즉, 본격적인 가격 자유화는 취소되었으나, 상대가격 구조를 합리화하는 차원에서 주요 물자의 가격을 조정하였고, 또한 비국유기업에 대한 강력한 통제도 일정 기간 후에는 크게 완화되었는데, 이는 고용창출에 대한 이들의 기여에 대한 인정에서 비롯되었다고 보인다. 즉, 1980년대 말 비국유기업의 위축으로 말미암아 중국 경제성장은 급격히 쇠퇴하였고 이에 따라 신규고용 창출이 어려워지면서 실업이 증가하게 된 바, 이에 따라 정책당국은 점차 비국유기업에 대한 통제를 완화하지 않을 수 없게 되었다.

○ 개혁·개방이 심화되는 제4단계(1992년~현재)

1992년 덩샤오핑의 '남순강화(南巡講話)'는 중국의 개혁·개방을 심화시키는 결정적인 계기가 되었다. 새로운 변화를 요구하는 덩샤오핑의 선도(先導)에 따라 1992년 제14차 전국당대회에서 경제체제 개혁의 목표로 "사회주의 시장경제"를 공식 채택함으로써 중국의 경제체제개혁이 새로운 단계로 접어들게 되었다. 이듬해인 1993년에는 헌법에 사회주의 시장경제를 명문화하였으며 10월의 공산당 제14기 3중전회를 통하여 개혁의 방향을 보다 구체화하였다.

이 시기에는 시장화 개혁이 가속화 되어 소비재 시장뿐만 아니라 생산재 및 중간재 시장, 노동시장, 자본시장 등 생산요소 시장이 활성화되기에 이르렀다. 특히 상하이(上海)와 션쩐(深圳) 두 곳에 주식시장이 개설되어 자본시장의 개혁 실험도 본격화 되었다. 또한 국유기업의 개혁도 현대기업제도의 건립이라는 명목으로 재산권의 명료화를 통한 기업의 독립법인화에 중점을 두었으며 기업간 인수 합병 장려를 통하여 국유기업의 효율화가 추진되었다.

특히 중소기업에 대해서는 매각, 임대경영 등을 보다 활성화하는 등 실질적 사유화가 진행되었으며 중앙은행 기능의 확립과 4대 국유 전업(專業)은행의 상업은행화를 골자(骨子)로 하는 금융개혁의 추진도 이루어졌다. 이 밖에도 환율의 단일화를 이룩한 외환개혁, 일부 생산기업에 대한 대외무역권 부여를 포함하는 대외무역의 자유화 확대 등 대외무역 부문의 개혁도 진일보 되었다.

한편 이 기간 중에 외국인직접투자(Foreign Direct Investment)의 급격한 증가가 주목할 만하다. 중국은 개혁·개방정책을 시작한 이후 지속적으로 대외개방을 확대해 왔으며, 그 핵심요소로서 외국인직접투자의 유치에 역점을 두어 왔다. 중국의 점진적 대외개방은 지역적으로 '점(點)→선(線)→면(面)'으로 개방지역을 확대하여 왔으며 1992년 이후에는 연해(沿海), 연강(沿江), 연변(沿邊), 연선(沿線)을 의미하는 '4연(沿)개방'이라는 전방위(前方位) 개방으로 확대되었다. 투자업종에 있어서도 1992년 이후 종래에는 금지되었던 도소매업, 운송업, 금융업 등의 서비스업은 물론이거니와 발전소, 도로 등의 사회간접자본 투자도 크게 확대되었다.

남순강화(南巡講話)

1992년 1월 말부터 2월 초까지 중국의 최고 실권자인 덩샤오핑이 천안문 사태 후 중국 지도부의 보수적 분위기를 타파하기 위하여 상하이(上海), 션쩐(深圳), 주하이(珠海) 등 남방 경제특구를 순시하면서 '발전은 결코 변할 수 없는 진리(發展是硬道理)'라고 확고한 개혁방침을 천명한 남순강화를 하게 되었다. 남순강화를 통해서 중국은 확고한 개혁·개방의 물결을 타게 되었으며, 천안문 사태 이전보다 더욱 빠른 속도로 개혁·개방을 하게 되었고 급속한 경제발전을 이룩하기 시작하였다.

(4) 중국 경제체제 개혁의 특징

중국 경제체제 개혁의 첫째 특징으로서 점증적(漸增的) 개혁이라는 점을 들 수 있다. 즉, 중국의 개혁은 부분적 개혁으로 시작하여 점진적으로 개혁을 확대 심화시켜 나가는 특징을 보여 왔다. 특히 하나의 개혁을 단행하여 수혜자를 만들고 이를 기초로 새로운 개혁을 추진해 나가는 일종의 선순환(善循環)을 만들어 나가고자 하는 것이었다. 즉, 구(舊)체제 핵심에 대한 본격적인 개혁은 미룬 상태에서 주변부분의 자유화를 통하여 개혁의 수혜자 겸 새로운 개혁의 주도자를 창출해 나가면서 핵심부문의 개혁을 유도하는 성격을 말한다.

둘째 중국의 경제체제 개혁은 특정 지방이나 혹은 부문을 대상으로 실험을 거친 후 이를 전국적으로 확산시키거나 혹은 수정, 철폐하는 방식을 취해 왔다. 이러한 특징은 앞에서 지적한 점증적 성격과 관련된 것이지만, 개혁방식에 있어서 전반적인 청사진(靑寫眞)을 작성하고 이에 의거하여 체제를 전환시켜 가는 계획적 개혁이 아닌 상황 변화에 융통성 있게 대응하는 성격을 띠고 있다는 점이다.

셋째 중국의 경제체제 개혁은 시장화에 중점을 둔 반면, 사유화는 적어도 표면적으로는 부정하거나 매우 점진적으로 도입해 가는 특징을 가졌다는 것이다. 즉, 시장이 자원배분의 역할을 담당한다는 의미에서의 시장화는 이제 거의 완성 단계에 진입하여 90%이상의 상품거래가 시장에서 이루어지고 있으며 노동, 자본, 토지사용권 등 생산요소의 시장거래도 실질적으로 크게 진전되고 있다. 그러나 국유기업, 특히 대중형 국유기업의 사유화는 아직도 채택되지 못하였으며, 다만 다양하고 새로운 비국유기업의 등장을 허용하고 기업들 간의 시장경쟁을 유도하게 되었다.

넷째 중국의 경제체제 개혁은 효과적인 분권화를 달성해 왔다는 특징을 가지고 있다. 이러한 분권화가 특히 진전된 것은 성(省)을 중심으로 지구(地區), 현(縣), 촌(村)에 이르는 지방단위에 대한 분권화라고 할 수 있다. 이는 각급 지방의 당정(黨政) 관리들의 이해관계를 개혁과 연계시킴으로써, 지방들의 경쟁적 경제개발 추진을 유도하는 데에 성공하였다. 이러한 지방차원에서의 적극적인 경제개발 추진이 중국 경제성장의 원동력으로 작용했던 것이다.

끝으로 중국의 개혁정책은 대외지향적이라는 특징을 지니고 있다. 즉, 아시아 신흥공업국의 경제성장에 자극을 받아 개혁이전의 자력갱생 정책을 실질적으로 포기하고, 적극적인 수출장려 정책과 외자유치 정책을 실시하였다. 이러한 대외지향적 개발정책은 노동집약적 경공업 성장을 유도함으로써, 중국의 산업구조를 요소부존 구조에 부합하도록 전환하는 데에 크게 기여하였다. 한편 중국의 대외지향적 경제성장은 특히 동남부 연해지역을 중심으로 큰 성과를 거두었는데, 이 과정에서 이 지역과 혈연·지연 관계가 짙은 홍콩, 대만의 화교 자본의 기여가 매우 컸다는 평가를 받고 있다.

2) 중국식 사회주의 시장경제체제

(1) 중국식 사회주의 시장경제의 도입

① 중국식 사회주의 시장경제체제의 건설

중국은 1978년 개혁·개방 초기 이후부터 국내 상황에 적합한 사회주의 시장경제체제를 건설하기 위한 방안을 강구하여 왔다. 개혁·개방 이후 중국의 지도부와 국민들은 국가위주의 계획경제체제와 경쟁위주의 시장경제체제간의 효율성에 대한 차이를 실감하면서 시장경제체제에 대한 긍정적인 평가와 인식이라는 사고의 대전환을 가져오게 되었다.

개혁·개방 초기 중국 정부는 사회주의와 시장경제의 모순과 대립을 최소화하고 계획경제의 관념을 불식시키기 위하여 노력하였다. 중국 공산당 제12기 및 제13기 당대회를 거치면서 개혁·개방과 시장경제체제의 적용범위를 확대해 나갔으며 90년대의 제14기 중전회(中全會)에서는 중국경제체제 개혁의 목표를 '사회주의 시장경제체제 건립'이라고 명확히 하고 있다. 사회주의 시장경제체제란 중국의 특수한 사회주의제도 하에 건립된 시장경제를 말하는 것으로 이는 곧 중국경제발전의 기본방향으로 향후 시장경제체제의 건립을 중국경제발전을 위한 핵심으로 삼는다는 것이다. 따라서 중국의 사회주의 시장경제체제로의 개혁 목표와 확립은 중국 공산당이 사실상 경제체제를 시장경제체제로 선택한 것으로 볼 수 있다.

② 사회주의 하에서의 시장경제의 실행

중국의 개혁·개방의 방향과 시장경제체제로의 전환은 중국이 다시는 계획경제체제로 돌아가지 않을 것임을 의미하는 것이다. 이러한 시장경제체제가 계획경제체제를 유지해 온 사회주의 국가에서 이와 같이 강력한 힘을 가지게 된 이유는 다음과 같이 설명할 수 있을 것이다.

오늘날 중국의 경제활동은 복잡하고 세분화된 사회적 분업이 잘 이루어져 있고 경제조직이나 노동자 모두 독립된 경제적 이윤을 가질 수 있으며, 사회주의체제하에서 화폐제도와 시장이 이미 매우 중요한 역할을 담당하고 있다. 이러한 복잡하고 다양한 사회변화 속에서 많은 기업들은 소비자들의 요구(needs)에 부합하기 위해서 시장의 흐름과 변화에 맞추어 무엇을, 얼마만큼을, 누구를 위하여, 어떻게, 어디에서 생산할 것인가를 스스로 결정하고 있다. 즉, 시장경제제도로 시장의 '보이지 않는 손(invisible hands)'이 작용하고 있는 것이다.

중국의 경제제도를 자본주의냐 사회주의냐의 관점으로 논할 수는 없을 것이다. 왜냐하면 중국 정부는 사회주의제도 아래 시장경제제도가 함께 존재할 수 있음을 강조하고 있기 때문이다. 즉, 그들의 논리에 따르면 시장경제제도가 본래 어떠한 사회주의냐 혹은 자본주의냐 하는 성질을 갖고 있지 않다는 것이다. 그러므로 중국식 사회주의 시장경제제도를 이해하기 위해서는 사회주의는 계획경제, 자본주의는 시장경제라는 단순논리로 접근해서는 곤란하다는 것이다. 즉, 중국 정부는 시장경제체제가 자본주의의 전유물(專有物)이 아니며 사회주의 체제 하에서도 얼마든지 실행가능하다고 여기고 있는 것이다.

③ 중국식 사회주의 시장경제체제의 기본 특징

중국 정부는 중국 민족의 역사와 정치, 사회, 경제적 조건 등의 특수한 상황을 감안하여 중국 특유의 사회주의 시장경제체제를 건설하기로 하였다. 사회주의 시장경제는 사회주의 경제제도 및 정치제도와 결합될 뿐만 아니라, 사회주의 정신문명과도 결합된다고 볼 수 있으며 다음의 몇 가지 기본적인 특징을 가지고 있다.

첫째, 중국의 시장경제 운영의 기초는 공유제(公有制)에 기반을 두고 있다는 점이다. 중국은 서구 선진국과는 달리 사유제(私有制)를 시장경제 주체로 보는 것이 아니라 공유제를 시장경제운영의 기초로 삼고 있다. 공유제를 위주로 하여 기타 각종 소유제를 시장경제의 주체로 삼고 있는데 이는 경제운영의 기초가 다르기 때문에 나타나는 본질적인 차이로 볼 수 있다.

둘째, 중국의 시장경제체제는 사회주의 원칙을 실현하는데 초점을 두고 있다. 대부분 자본주의 국가들의 시장경제운영은 재산의 사유제를 근간으로 하고 있으며 이에 따라 사유재산의 확대와 소득차이가 현저히 발생하고 있는데 반하여 사회주의 경제체제는 공유제 위주로서 사유재산의 증가와 분배를 일정 수준으로 제한하고 있다. 소득분배를 함에 있어 노동, 생산요소, 사회 각종제도 등에 입각하여 모든 사회구성원의 바람직한 사회적 공평성을 추구한다. 이는 결국 지역발전의 균형과 빈곤층을 최소화하여 부유한 국가건설을 실현하고자 하는 것이다.

셋째, 중국식 사회주의 시장경제는 국가의 시장경제에 대한 거시적인 조절통제를 인정하고 있다는 점이다. 시장경제는 자원배분 및 자원이용의 효율성을 강조함으로써 전통적인 계획경제에 비해 생산력 발전에 유리하다. 하지만 시장경제는 국가전체 차원에서의 총공급과 총수요의 균형을 해결할 수 없을 뿐만 아니라, 분배의 시행에 있어서도 소득격차에 따른 양극화를 초래할 수 있다는 폐단을 가지고 있어 결국 사회의 안정과 공동부유 실현에 있어 불리하게 작용할 여지가 있다. 이상과 같은 시장경제의 본질적인 문제점과 한계성은 국가의 유효적절한 거시적인 조절통제기능이 필요한 근본이유가 되는 것이며, 특히 중국과 같은 개발도상국에서는 이러한 국가의 조절통제기능이 더욱 필요하다고 볼 수 있을 것이다.

넷째, 중국식 사회주의 시장경제는 물질문명의 건설에 기여함과 동시에 사회주의 정신문명의 건설과 결합되어야 함을 강조하고 있다는 점이다. 이는 중국식 시장경제가 자본주의 시장경제에 따른 문화적 측면의 폐단일 수 있는 배금주의(拜金主義)와 향락주의 및 극단적인 개인주의를 부정하는 시장경제임을 강조하는 것이다. 이는 곧 사회주의 물질문명의 건설과 사회주의 시장경제가 결합될 때만 중국식 시장경제는 중국사회주의 건설에 기여할 수 있다는 의미이다.

(2) 중국식 사회주의 시장경제체제의 방향

중국 공산당 제14기 중전회(中全會)에서는 사회주의 시장경제체제의 추구방향을 크게 다섯 가지로 설정하여 실행하고 있다.

첫째, 현대화된 기업제도의 확립이다. 현대화된 기업제도란 재산권 및 책임제도의 명확, 정치와 기업의 분리, 관리의 과학화를 지향하는 제도를 말한다. 현대화된 기업을 건설하는 것을 사회주의 시장경제체제를 건설하는 구심점(求心點)으로 두고 있으며, 실질적으로 선진국 시장경제체제의 미시적 부분을 수용하는 것으로 볼 수 있다.

둘째, 공정한 시장체제의 수립이다. 공정하고 질서있는 시장체제의 건립은 시장경제발전에 있어 필수적인 사항이다. 중국 정부는 건전한 시장체제의 성장을 위해 점진적으로 정부의 역할을 축소시켜 나간다는 계획을 가지고 있으며 앞으로 시장에 직접 참여하기보다는 보다 질서있고 개방된 시장환경을 제공하기 위해 노력할 방침이다.

셋째, 효율적인 거시적 경제관리이다. 경제운영의 거시적 관리는 경제운영의 모든 방면에 걸친 것으로 전체 국민경제 활동의 계획적인 조절과 통제를 말한다. 거시적 경제관리의 의의는 경제발전과정에서 나타나는 각종 문제점과 구조적 불균형을 수정, 예방하여 국민경제의 정상적 운영을 돕는데 있다. 향후 중국 정부는 시장경제의 요구에 부합하는 거시적 조절관리체제의 수립을 추구할 계획에 있다.

넷째, 노동에 근거한 개인소득분배제의 확립이다. 개인소득분배는 노동에 의한 가치창조에 근거하여 각종 제도와 효율과 공평의 원칙에 의해 분배한다. 또한 기업은 물론 정부기관 스스로 임금수준과 지급방식에 대한 기준을 만들 수 있도록 하였으며 이를 통하여 노동자의 생산성을 향상시킨다는 목표를 세우고 있다.

다섯째, 사회보장제도의 건설이다. 사회보장제도란 국가가 일정한 법률과 정책에 근거하여 사회구성원의 기본생활권을 보장하는 사회안전망을 의미한다. 시장화의 경제에서 사회보장제도는 사회구성원의 사회 경제적 안정의 역할을 추구한다. 중국 정부는 사회 다방면을 고려하여 사회보장체제를 건설하고 이를 통하여 사회구성원의 생활 안정과 사회주의 시장경제의 정상운영을 통해 국가의 점진적인 발전을 추구하고자 한다.

중국 정부는 사회주의 시장경제체제에서 이상의 주요한 다섯 가지를 사회주의 시장경제체제의 발판을 마련했느냐의 근본기준으로 삼고 있다.

3. 중국의 경제발전 전략

1) 중국의 장기 경제발전 전략

경제발전 전략이란 기업과 각종 부문, 지역과 나아가 국가 등의 경제주체가 경제발전의 목표를 실현하기 위한 것으로서 일국의 대내외적 환경분석을 통하여 장기적이고 총체적인 계획을 수립하여 경제발전을 추구하는 것을 뜻한다. 중국의 경우, 경제개발계획을 장기(長期)와 중기(中期)로 나누어서 실행하고 있는데 장기계획은 10년 혹은 10년 이상을 기준으로 수립되며 중기는 5년을 기준으로 하여 수립되고 있다.

중국의 장기경제발전 전략을 이해하기 위해서 우선 덩샤오핑의 개혁·개방과 중국경제발전 「3단계」인 70년대의 장기 경제발전계획을 이해해야 할 것이다. 1978년 개혁·개방 초기에 덩샤오핑은 중국경제발전을 시기별로 3단계로 구분하였다. 먼저, 제1단계는 1981~1990년, 제2단계는 1991~2000년, 마지막 제3단계는 2001~2050년으로 구분되어 있다. 1981년부터 덩샤오핑의 이러한 중국 경제발전 전략이 실시되면서, 지금의 덩샤오핑 경제이론으로 발전되었다.

즉, 1990년의 국민총생산규모가 1980년보다 두 배에 이르도록 하는 것을 1단계 발전목표로 설정하고, 2000년에는 1980년의 네 배가 되도록 하여 샤오캉(小康)수준에 이르게 하는 것이 2단계의 발전목표이다. 제3단계는 21세기 중엽에 1인당 국민총생산액이 4천 달러, 즉 1980년대의 중진국 수준이 되는 것을 목표로 하고 있다. 이것이 바로 중국이 말하는 '삼보주(三步走)' 발전전략으로서 현대화의 3단계발전 전략이다. 구체적으로 샤오캉이란 1인당 국민 총생산액이 800달러 수준에 도달하는 것을 의미한다. 개혁·개방이후 중국은 3단계 발전전략에 따라 지속적인 성장을 달성하였다. 1990년 국내 총생산규모가 1조 8,872.9억 위안으로 1980년 4,587.6억 위안의 4.1배를 달성하였으며, 1990년 1인당 국내 총생산액은 1,663위안으로 1980년 468위안의 3.5배를 달성하여 원래의 목표치를 크게 초과하였다. 또한 2000년의 국내 총생산규모는 10조 280.1억 위안으로 1980년 수준의 21.8배, 1인당 국내 총생산액은 7,942위안으로 1980년 수준의 17.0배를 달성하였다. 따라서 기존의 3단계 발전전략의 목표에 의하면, 2000년에 중국은 이미 '샤오캉' 단계를 달성하였다. 즉, 1인당 국내 총생산액 854달러를 달성한 것이다.

샤오캉

'샤오캉(小康)'이란 말은 원래 춘추시대의 유교경전인 "예기(禮記)"에서 비롯된 것으로서 '따통(大同)'사회의 한 사회형태를 말하는 것으로서 맹자는 당시 '샤오캉' 사회의 표준을 "노인이 좋은 옷을 입고 잘 차려진 밥을 먹으며, 백성들이 굶지 않고 추위에 떨지 않는다(七十者衣帛食肉, 黎民不飢不寒)"라고 하였다. 현대 중국어의 '샤오캉'의 사전적 해석은 "사회중간수준의 생활을 할 수 있는 가정의 경제상태"라고 정의해 놓고 있으며, 중국인 대다수는 '샤오캉'사회를 기본적으로 '의식주 문제가 해결된 후 부유한 생활단계로 가는 중간 단계의 생활'로 여기고 있다.

그러나 최근 중국정부는 3단계 발전전략에 대한 새로운 평가를 내리고 신(新)3단계 발전전략을 제시하고 있다. 중국은 2000년 10월 총체적인 의미에서 대다수 국민들의 생활수준이 이미 샤오캉 단계에 도달하였음을 평가하고, 2002년 11월에는 향후 20년의 발전 목표를 '총체적 샤오캉사회'에서 '전면적 샤오캉사회'로의 건설로 전환하였다.

이러한 전환에는 크게 두 가지의 이유가 있다. 첫째는 양적인 성장이 아직도 일정수준에 도달하지 못했다는 평가이다. 비록 2000년 중국의 1인당 국내총생산이 800달러를 초과하였지만, 아직도 1,000달러에 못 미치는 수준이다. 세계평균과 비교해 볼 때, 같은 해 중등소득국가의 평균 1인당 국민총생산이 2,039달러이고, 세계평균은 5,485달러, 그리고 고소득국가의 평균은 2만 5,661달러이다. 둘째는 질적인 발전이 아직도 일정수준에 도달하지 못했다는 평가이다. 1인당 국민총생산액은 국민경제사회발전을 종합적으로 나타내는 지표이지만 가장 유일한 지표인 것은 아니다. 즉, 1인당 국민총생산액의 증가가 반드시 구조적 경제발전을 수반하는 것은 아니다. 샤오캉사회는 양적인 성장뿐만 아니라 질적인 발전도 동시에 충족되어야만 달성될 수 있는 사회이다. 따라서 중국은 기존의 3단계 발전전략을 수정한 신3단계 발전전략을 확정하였다.

신3단계 발전전략에서는 샤오캉사회 건설의 목표연도를 기존의 2000년에서 20년 더 연장한 2020년으로 변경하였다. 그리고 지난 20년 동안의 발전을 총체적 샤오캉사회의 달성으로 평가하고, 향후 20년 발전전략의 핵심목표를 전면적 샤오캉사회의 건설로 확정하였다. 신3단계 발전전략에서는 2020년 국내총생산규모를 2000년의 4배 수준으로 산정하고 있다.

2) 중국의 중기 경제발전 전략

(1) 중국 '5개년 계획'의 추이와 특징

중국에서 '5개년 계획'은 공산당과 중국 정부의 중요한 경제활동임과 동시에 정치활동이다. 정치이념이 변동할 권력투쟁이 전개되고, 5개년 계획에서 정책선택이 권력투쟁의 쟁점으로 부상하는 것이다. 개혁·개방 이후 중국 경제발전과정은 매 5개년 계획의 평가와 입안과정이 절대적으로 중요한 역할을 담당하여 왔다.

덩샤오핑이 개혁·개방을 추진하면서 추진한 '6·5계획(1981~1985년)'부터 지금과 같은 형태로의 성장방식과 목표를 제시하고 정책목표를 밝히는 5개년 계획이 시작되었다. 5개년 계획의 경제성장 방식과 목표치는 덩샤오핑이 장기 경제성장 전략으로 제시한 삼보주(三步走)라는 3단계 발전전략에 입각하여 설정되었다.

'6·5계획(1981~1985년)'은 5년간 경제성장률 목표치 5%와 '온바오(溫飽)' 단계인 '2000년까지 GDP 4배로 확대' 등의 청사진을 제시했으며, 이를 위해 개혁·개방을 확대하고 과거 계획경제 시기의 문제점들을 조정하는 정책을 펼쳤다. 5년간 연평균 경제성장률은 목표치를 훨씬 상회하는 10.7%를 기록하게 되었다. 당초 성장률 목표치 5%에 대해서도 일각에서 '과도하게 높다'는 비판이 있음을 고려하면 대단한 성과였으며, 이로써 '5개년 계획'은 탄력을 받게 되었다.

'7·5계획(1986~1990년)'은 연평균 7%의 경제성장을 목표로 추진되었는데, 목표치를 '7·5계획' 기간 성장률보다 낮게 책정한 것은 수년간의 고도성장으로 인한 물가불안정, 빈부격차 심화 등의 부작용을 치유하기 위해 '안정성장'을 추구했기 때문이다. 이 기간동안 '천안문 사태'라는 큰 정치적 위기가 있었으나, 과거와는 달리 '5개년 계획'은 지속적으로 추진되었다. '8·5계획(1991~1995년)'은 '사회주의 시장경제'가 중국의 경제체제로 정착되고, 덩샤오핑의 남순강화 이후 대외개방이 크게 확대된 시기였다. 이 시기의 경제성장률은 12.0%로 목표치(6.5%)의 두 배에 육박했다.

'9·5계획(1996~2000년)'은 아시아 금융위기의 여파와 공급과잉 후유증으로 중국경제가 큰 위기를 겪었던 1990년대 후반에 진행되었다. 고속성장과 구조조정이 이 시기의 주요 정책목표였다. '10·5계획(2001~2005년)'은 중국이 2001년 WTO에 가입함에 따라 경제구조의 현대화와 산업구조 고도화가 주요 정책목표였으며 1990년대 후반의 국내경제 후유증 극복을 위한 고속성장이 추진되었다.

2002년 권력을 장악한 후진타오(胡錦濤) 지도부가 입안한 '11·5규획(2006~2010년)'은 경제성장 방식의 전환과 정부의 역할에 대한 변화를 강조하는 등 역대 5개년 계획과는 상당한 차이를 보이기 시작했다. 즉, 기존의 양적 성장에서 탈피하여 질적 발전을 우선시하여 내수주도형 경제성장, 성장과 분배의 조화, 민간 주도형 성장이 주요 정책방향으로 설정되었다. 이 기간 중 중국경제는 연평균 10.1%의 성장을 달성하여 일본을 제치고 세계 제2위의 경제대국으로 부상하였으나, 계획에서 의도하였던 질적 발전, 소득불균형 해소, 환경개선 등에 관해서는 뚜렷한 성과를 내지 못하였다. 오히려 2008년 미국발 글로벌 금융위기를 겪으면서 국진민퇴(國進民退) 현상이 심화되어 국가(국유기업)가 확대되고, 국민(민영기업)이 위축되는 시대의 흐름에 역행하는 결과를 초래하기도 하였다.

국진민퇴(國進民退)

국진민퇴는 문자 그대로 경제에서 국유부문(정부)의 비중확대가 민간부문의 비중 축소로 이어진다는 의미이다. 개혁·개방 이후 중국경제의 발전은 국유부문의 축소 및 민간부문의 확대와 보조를 같이 했으나, 글로벌 금융위기 이후 이러한 추세가 역행할 조짐을 보이고 있다. 즉, 중국 정부가 글로벌 금융위기 이후 경기후퇴에 대비하기 위해 실시한 <10대산업 진흥계획>과 <내수확대 10대조치>가 국진민퇴의 제도적 기반으로 작용한 것이다. <10대산업 진흥계획>은 주요 산업에 대하여 국유기업 주도의 구조조정 실시와 민간기업의 퇴출을 종용하는 내용을 명시하고 있다. 또한 <내수확대 10대조치>에 따른 SOC프로젝트의 대부분이 국유기업에 편중되었으며, 정책성 금융은 지방정부와 국유기업에 집중되어 있다. 이와 같은 국진민퇴 현상은 단기적으로 경기후퇴를 막는 데는 효과적일지는 몰라도 중장기적으로는 중국경제에 부정적인 영향을 미칠 것으로 예상된다.

'12·5규획(2011~2015년)'은 국부(國富)에서 민부(民富)로의 전환이 핵심정책으로 등장하게 되었다. 이는 중국 지도부가 지금과 같은 국가주도형 성장시스템으로는 지속적인 경제성장을 유지할 수 없으며 시장경제 개혁도 진전을 이루기 어렵다고 판단했기 때문이다. 민부 노선의 핵심은 성장 혜택을 민간이 누릴 수 있도록 경제체질을 개선해야 하는 것인데 이를 위해서는 경제성장 동력을 기존의 투자·수출 위주에서 내수(內需) 중심으로 전환하고, 친환경·첨단기술 분야를 집중적으로 육성해 지속가능한 발전 체제를 갖추어야 한다. 또한, 노동자들의 복지 향상을 위한 노동 관련법 개정, 사회보장제도 정비, 임금 인상 등도 시급히 요구되었다.

'13·5규획(2016~2020년)'은 시진핑(習進平) 정부가 수립하고 집행하는 첫 번째 5개년 계획으로 현 정부의 정책의지가 완전하게 반영되어 있다. 13·5규획의 총체적 기조는 '두 개의 백년'을 통해 중국의 꿈(中國夢)을 실현하는 것과 신창타이(新常態) 시대의 개혁 강화로 요약

된다. '두 개의 백년'의 하나로 당 창립 100주년인 2021년까지 전면적인 샤오캉(小康)사회를 건설하여 중국의 꿈을 실현하려는 첫 번째 거대한 목표를 가지고 있다. 이를 구체적으로 살펴보면 2020년 중국의 GDP를 2010년의 두 배로 달성하며 소비중심의 경제성장 전략, 호구(戶口)제도 개혁으로 도시화율 제고, 농업현대화를 통한 도농격차 해소, 빈곤층 해소를 통한 소득불평등 문제 해결을 들 수 있다. 두 번째 '두 개의 백년'의 목표는 건국 100주년인 2049년까지 사회주의 현대국가건설을 완성하여 중화민족의 부흥을 실현하는 것이다.

(2) 제13차 5개년 경제개발 규획

가. 주요 내용

13·5규획 기간은 중국공산당 창당 100주년(2020년) 목표인 전면적인 샤오캉사회 건설을 위한 마지막 5년으로 중요한 의미가 있다고 하겠다. 이를 위하여 경제성장과 질적 수준의 동반 제고 요구를 제기하고 있다. 이를 구체적으로 살펴보면 경제의 중고속 발전을 유지하고 2020년까지 국내총생산과 1인당 국민소득 목표치를 2010년의 2배로 설정하고 있다. 2010년 중국의 GDP는 39조 7,983억 위안(약 6조 400억 달러), 도시주민 소득은 1만 9,109위안, 농촌주민 소득은 5,919위안인 점을 감안할 때 2016~2020년 평균 GDP 성장률은 최소 6.5% 이상이어야 가능하다.

13·5규획의 5대 정책이념으로 혁신, 균형, 친환경, 개방, 공동향유를 들 수 있으며 이에 기반하여 산업구조 고도화, 격차해소, 친환경시스템 구축, 개방을 통한 신성장 동력 확보, 인구개혁과 사회보장제도 강화를 통한 삶의 질 향상 등을 추구하고 있다.

① 혁신 경제를 통한 발전의 질과 효율 제고

13·5규획에서는 혁신을 국가발전의 가장 핵심적인 부분으로 삼고, 산업의 구조조정, 국유기업의 개혁, 성장동력의 육성 등을 주요 내용으로 제시하고 있다.

이를 구체적으로 살펴보면, 첫째 산업 구조조정의 일환으로 서비스업의 발전과 제조업 업그레이드를 병행 추진하고 있다. GDP 대비 서비스 산업의 비중은 1990년 32.4%에서 2015년 50.5%로 상승하는 등 중국 경제에서 서비스 산업이 차지하는 비중이 지속적으로 확대되고 있는 추세인데 중국 정부는 시장진입 문턱을 낮추어 서비스산업의 발전을 촉진하고, 관련 산업의 전문성을 제고하여 높은 수준의 서비스업이 배양될 수 있는 토대를 마련할 계획이다. 한편 중국은 '중국제조 2025', '인터넷 +' 전략을 통해 중국 제조업의 산업수준을 고도화시키는데 주력하고 있다. 특히, 중국은 '중국제조 2025'를 통해 향후 30년간 산업고도화 3단계 전략을 제시하였으며, 이를 통해 제조 강국으로서의 위상을 확립하고자 한다.

〈'중국제조업 2025' 3단계 계획〉

구분	기간	세부 내용
1단계	2015~2025년	- 글로벌 제조 강국대열 진입 스마트 제조업 수준 향상 제조분야 혁신능력 및 노동생산성 향상 2025년까지 세계 제조업 2강 진입
2단계	2026~2035년	- 글로벌 제조 강국 내 평균수준의 제조업 경쟁력 확보 혁신기술 제고 주요 분야에서 핵심 성과 달성 경쟁 우위 산업 혁신 주도 선도적 제조 강국 진입

3단계	2036~2045년	- 글로벌 제조업 선도국가 지위 확립 미국과 대등한 제조 강국으로 부상 선진기술 및 산업 시스템 구축

자료: 한재진 · 정민(2015), 13차 5개년 계획으로 본 중국 경제의 향방, 현안과 과제 15-35호. 현대경제연구원, p. 3.

둘째, 2015년 9월 13일 발표한 국유기업 개혁안에 의거하여, 2020년까지 국유기업 개혁의 실질적 성과를 달성하겠다는 것이다. 즉, 새로운 국유기업 분류체제를 도입하고, 국유기업 자산관리공사를 설립하여 국유기업에 대한 관리·감독을 강화할 방침이다. 국유기업의 GDP 대비 부채가 2007년 75.5%에서 2015년 115%로 증가하는 등 최근 중국 국유기업의 부실화가 심각해지고 있는 실정이다. 이에 따라 중국 정부는 부실 국유기업에 대한 민간자본 참여를 허가하여 기업 지배구조 개선을 유도할 방침이다. 특히, 전력, 통신, 교통, 에너지 등 국유기업 독점 분야를 개방하여 시장경제체제를 완비할 계획이다.

셋째, 성장동력 육성을 위해 대중의 창업과 혁신을 유도하고, 새로운 수요 및 공급원을 발굴, 스마트·환경·건강·안전 분야의 소비 창출을 도모하고자 한다. 그밖에, 핵심기술을 보유한 기업, 대학교, 과학기술연구원을 기반으로 국가기술혁신센터를 만들고 R&D 능력제고와 인재육성을 적극 추진할 방침이다.

② 지역 도농 간 균형성장 견지

지역 및 도농 간 격차 해소를 위해 도시화 및 지역 균형 발전 등을 추진할 계획이다. 중국 정부는 기존의 개발 위주의 도시화가 아닌, 실제 거주민들의 생활수준을 향상시키기 위한 인프라 구축 및 관리에 중점을 둔 신형 도시화 정책을 지속적으로 추진하여 2020년까지 상주인구 기준의 도시화율을 55%까지 제고시킬 예정이다. 또한 13·5규획 기간 농민공 1억 명(도시에 취업한 지 5년이 넘는 농민공과 그 가족 포함)이 도시에 완전 정착해 살 수 있도록 호구제도를 개혁할 예정이다. 즉, 호구제도 개혁을 통해 농촌 인구를 도시 호구에 편입시킴으로써 이들이 도시에서 안정적으로 생활할 수 있는 기반을 제공하며 거류증(居留證) 제도를 도입하여 도시로 이주한 농민에 대해 동일한 복지 혜택을 부여할 방침이다.

또한 '경제벨트' 및 '경제구'를 중심으로 한 지역 균형 발전 모델을 더욱 확장시킬 방침이다. 수도권(京津冀), 창장(長江)삼각주, 주장(珠江)삼각주의 3대 도시권을 비롯해 동북지역, 중원(中原, 정저우(鄭州)) 지역, 창장중하류지역, 청두(成都)-충칭(重慶), 꽌중평원(關中平原, 시안(西安)) 등의 도시권 발전전략을 구체화하고 있다. 또한 최근 심각한 경기침체 현상을 보이고 있는 동북 3성 지역 발전을 위한 지원 정책을 실시하고 있다. 동부, 중부, 서부, 동북부의 4개 지역과 징진지(베이징, 톈진, 허베이), 육·해상 실크로드(일대일로(一帶一路)) 경제권, 창장 경제벨트 등 3대 경제벨트를 결합하는 '4+3 전략'을 통해 거대 경제권 형성을 가속화 할 방침이다.

〈징진지(京津冀) 경제권〉

일대일로(一帶一路)

시진핑 국가주석이 2013년 9~10월 중앙아시아 및 동남아시아 순방에서 처음 제시하였다. 일대일로는 중국이 내놓은 최초의 공개적이고 체계적이며 종합적인 지역협력 및 지역개발전략으로 육해상 신(新)실크로드 경제권을 형성하고자 하는 중국의 국가전략으로 중국의 향후 35년(2014~2049년)의 대외노선에 대한 '구상'이자 '비전'으로 평가된다. '일대(一帶)'는 여러 지역들이 통합된 '하나의 지대(one belt)'를 가리킨다. 구체적으로는 중국-중앙아시아-유럽을 연결하는 '실크로드 경제벨트'를 뜻한다. '일로(一路)'는 '하나의 길(one road)'을 가리킨다. 동남아시아-서남아시아-유럽-아프리카로 이어지는 '21세기 해양 실크로드'를 뜻한다. 일대일로는 중국의 지정학적 위치를 활용하여 내륙과 해양을 연결하여 60여 개국 44억 명을 아우르는 글로벌 경제의 중심적 역할을 구축하고자 하는데 그 추진 목적이 있으며 미국의 '팍스 아메리카(Pax America)'에 대응하여 중국이 세계 경제 질서의 중심 역할을 하기 위한 '팍스 차이나(Pax China)'시대로 나아가는 발판을 마련하기 위함이라는 분석도 있다.

③ 생태환경 개선을 통한 친환경 발전 강조

5개년 경제개발계획에서 '친환경'을 핵심 목표로 제시한 것은 13·5 규획이 처음으로 중국 정부는 생태환경 개선을 위해 친환경 저탄소 순환발전 시스템 구축을 강조하고 있으며, 이를 위해 신에너지 산업 확대 및 에너지 절약을 중점적으로 추진할 예정이다. 현재 중국은 세계 최대의 이산화탄소 배출국 중 하나인데 이산화탄소 배출량을 줄이기 위해 화석에너지 사용량을 줄이고, 풍력·태양광·수력·지열 등 신에너지 산업을 확대함과 동시에, 천연가스·셰일가스 등 청정에너지 개발을 적극 추진할 계획이다. 중국은 2016년에 전국적으로 통일된 탄소배출권 거래시장을 형성하고, 2019년에 탄소배출권 거래시장이 온실가스 감축 목표를 달성하는데 핵심적인 작용을 하도록 육성할 방침이다. 또한 에너지 절약을 위해 에너지, 수자원, 건설용지 사용 등에 대한 강제성 지표 관리제를 실시할 예정이며 강력한 환경보호 제도를 시행해 대기, 수질, 토양 관련 오염방지 대책 등 구체적인 세부계획을 발표할 예정이다.

④ 개방을 통한 발전 추구

1990년대 이후 채택된 역대 5개년 규획 중 시장개방을 강조하지 않은 적이 없었다. 그러나 13·5규획은 크게 두 가지 측면에서 과거와 차원이 다른 개방노선을 표방하고 있다.

우선, 개방을 통한 시스템개혁이 궁극적인 목적으로 자리 잡았다. 중국의 대외개방 목적은 시대에 따라 중점이 변해왔다. 초창기 경제특구와 개방구를 조성하고 외자를 받아들일 때는 부족한 자본 확충 의도가 컸지만, 2000년대 초반에는 외국 선진 제조기업 유치를 통한 수출확대, 고용보장과 함께 기술격차 축소에 초점이 맞춰졌다. 2000

년대 후반 들어 외환보유액이 크게 늘어난 탓에 위안화 절상압력이 만성화되자, 외자도입은 고부가가치형 산업분야와 첨단기업으로 문이 좁아지기 시작한다.

13·5규획은 이제 개방의 목적을 생산요소와 자원배치의 효율을 높이고 외국기업과의 상생을 실현하기 위한 방편으로 설정하고 있다. 중국은 2014년까지 상하이의 자유무역시범구에 한해 추진해온 무역자유화 및 금융시장 개방조치들 중 상당부분을 톈진(天津)시, 광둥(廣東)성, 푸젠(福建)성 등 기타 3개 지역의 자유무역구로 확대 적용할 예정이다. 이 개방조치의 효과가 긍정적으로 검증될 경우, 13·5규획 기간에는 전국적으로 확대될 가능성이 높다.

자유무역구(自由貿易區)

관세법과 대외무역법 등 관련 법률에 대한 특례와 지원을 통해 자유로운 제조, 물류, 유통 및 무역활동 등을 보장하는 지역을 말한다. 중국은 외국인투자 유치 및 가공무역 우대를 위해 대외개방을 한층 더 확대하는 정책 실험을 추진하고 있으며, 기존 보세구역을 자유무역구로 승격·개편하면서 2013년 9월 중국의 첫 번째 자유무역구가 상하이에서 정식으로 출범하였다. 상하이 자유무역구내에서는 투자에 대한 행정절차 간소화로 영업허가 등을 단기간에 받을 수 있으며, 투자가능업종 제한기준 완화 등 다양한 면에서 외국인 투자기업들에 대한 혜택이 제공되고 있다. 이러한 자유무역구는 2013년 11월 개최된 3중 전회(中全會)에서 '자유무역구 건설 가속화' 방침이 결정된 이후 중국의 여러 지역으로 확대 설립되어 현재 상하이, 톈진, 광둥성, 푸젠성 이외에도 2017년 7개가 신설되어 총 11개의 자유무역구가 운영되고 있다. 랴오닝(遼寧)성, 저장(浙江)성, 허난(河南)성, 후베이(湖北)성, 충칭(重慶)시, 쓰촨(四川)성, 산시(陝西)성에 신설된 자유무역구는 경제활동이 활발한 기존의 4곳과 달리, 낙후지역인 중서부·동북지역을 모두 포함하고 있는데 이는 내륙지역경제를 발전시키는 동시에, 시진핑 국가주석이 주도적으로 추진하는 신실크로드 경제구상 '일대일로'를 통한 중앙아시아 국가들과의 경제협력을 강화하겠다는 의도가 담겨져 있다.

중국 제조업 중 몇몇 분야(IT와 고속철도, 우주항공 등)는 이미 글로벌 경쟁력을 갖추고 세계시장을 개척하는 중이다. 개방 확대 및 심화라는 정책기조에 맞춰 내수시장의 진입장벽이 낮아지고 외국기업에 대한 내국인 대우가 강화된다면 종국적으로 중국 내수시장은 엇비슷한 경쟁력을 갖춘 내외자(內外資) 기업의 각축전이 벌어지는 시장으로 탈바꿈하게 된다. 2001년 WTO가입으로 해외시장의 문턱을 낮추었던 중국은, 13·5규획을 통해 자국시장의 문턱을 한 단계 더 낮춰 국유기업의 독과점으로 훼손된 시장효율을 높이고 자국 산업경쟁력도 제고시키게 되는 것이다.

중국은 최근 수년 새 한국 등 무역강국들과 자유무역협정(FTA)을 맺으면서 상호주의에 입각한 시장개방을 지역적으로 확대해 왔다. 13·5규획은 특히 개방정책 이념을 설명하면서 '글로벌 수출점유율을 지키면서, 적극적인 수입정책을 시행한다'라는 문구를 이례적으로 포함시켰다. 쌍방향 개방을 통한 대외균형을 중시하고 있는 것이다. 시진핑 주석이 의욕적으로 추진하고 있는 일대일로 정책노선 역시 중국 자본시장의 쌍방향 개방 확대 없이는 효과를 내기 어려울 것으로 예상된다.

금융시장의 경우 위안화 자본계정의 자유화를 단계적으로 추진할 것을 강조했는데, 이는 역내 투자는 물론 역외투자도 활성화되어야 가능한 일이다. 위안화가 2016년 10월 국제통화기금 특별인출권(SDR) 바스켓통화에 포함된 만큼 향후 자본계정 자유화 일정은 보다 투명해지거나 앞당겨질 공산이 커졌다.

위안화의 SDR 편입

2016년 10월 1일부터 중국 위안화가 SDR에 포함되었으며 이는 중국 위안화가 국제거래에서 중심적인 역할을 하는 기축(基軸)통화의 위치를 차지하게 되었음을 의미한다. SDR은 'Special Drawing Rights'의 약자로 1969년 IMF에서 만든 가상의 화폐로 IMF 회원국은 출자비율에 따라 SDR을 배분받고 그 한도 내에서 SDR이라는 가상의 화폐를 인출할 수 있는 특별한 권리를 가지게 된다. SDR은 국제 무역이나 금융거래에 직접 사용되지는 않고 IMF와 각국 정부 및 중앙은행간 거래에만 사용된다. 이와 같이 SDR은 눈에 보이는 화폐가 아니기 때문에 국제자금 결제 시 SDR이 아닌 주요국의 화폐로 바꿔 사용하게 된다. SDR의 가치는 188개 IMF 회원국 중 일부 주요 회원국의 화폐를 골라 가중 평균해서 정하는데 현재 미국의 달러화, EU의 유로화, 영국의 파운드화, 일본의 엔화, 중국의 위안화 등 총 5개의 통화로 구성되어 있다.

⑤ 공동향유를 통한 민생개선

중국 정부는 빈부격차 해소를 공동발전의 가장 핵심 요소로 간주하고, 이를 위해 주민소득 향상과 소득분배 시스템에 대한 조정 역할을 강조하고 궁극적으로 중산층 인구 비중을 점차 확대해 나가겠다는 방침이다. 빈곤지역의 교육 및 의료 서비스 수준을 제고하고 저소득 빈곤층을 위한 취업 및 창업기회를 제공하며 빈곤가정 특히 농민공, 실업자 등에게 취업을 위한 교육 프로그램도 실행할 계획이다. 또한 소득세 산출 제도의 개선을 통해 주민 부담 감소 및 생활 안정화를 추구하며 최저임금 수준을 지속적으로 인상시켜 나갈 방침이다.

인구의 균형발전과 안정적인 사회 인구 시스템을 갖출 계획이며, 이를 위하여 전면적으로 '1가구 2자녀 정책'을 허용할 방침이다. 관련 전문가들의 의견에 따르면 최근 중국의 인구 정책이 단기간에 인구 상황의 변화를 가져오거나 고령화 추세를 바꿀 수는 없겠지만, 인구 정책으로 인해 출산율이 높아지고 출생인구가 늘어나면 고령화 속도를 늦추고, 장기적인 인구 균형 발전에 유리하게 작용할 수 있을 것으로 보고 있다. 13·5규획 기간 동안에는 사회보험료율을 낮추기 위한 시도가 지속될 전망이며, 이를 통해 개인과 기업의 부담을 줄이고, 나아가 사회보험에 대한 보급률을 높이게 될 것이다.

나. 전반적 평가

13·5규획은 2000년대 이후 진행되었던 5개년 규획과 유사성을 보이면서도 차별적 특징을 보여주고 있다. 12·5규획을 포함한 이전의 5개년 규획과 비교할 때 13·5규획에서 설정하고 있는 주요 방침에서 보여주는 차이점으로는 첫째, 신성장 동력과 공간 확대의 필요성을 더욱 강조하면서 정보화, 정보산업, 금융 및 서비스 대외개방, 주력 혁신산업 등의 적극적인 발전의지를 담고 있으며 둘째, 일대일로 건설과 쌍방향 개방 확대, 그리고 글로벌 경제 거버넌스(Governance)에 대한 보다 적극적인 개입을 통한 개혁의지의 공식화를 들 수 있고, 셋째, '뉴노멀(New Normal)'시기를 강조하면서도 경기하방(下方) 압력이 강한 가운데 지속적인 성장률 유지를 강조하고 있다는 점이다.

그럼에도 불구하고 13·5규획은 공산당 집정(執政) 및 국유경제 강화, 수직적이고 위계적인 거버넌스를 통한 목표치 달성 접근법, 사회경제 정책 전반에 걸쳐 정책적 실효성이 의심되는 백화점식 정책목표와 비전의 반복이라고 하는 점에서 이전의 5개년 규획과 유사점을 보여주고 있다. 즉, 경제성장방식의 전환, 산업구조조정 및 고도화, 농촌현대화, 균형개발, 사회복지의 확대, 국가의 시장개입 축소 등은 11·5, 12·5규획 등 이전의 5개년 규획에서도 강조되었으나 미미한 성과를 거둔 것으로 평가되고 있으며, 13·5규획 발전이념에서 균형과 공동향유에 포함된 농촌, 복지, 균형개발 등은 오히려 후퇴한 부분도 있다고 할 것이다. 예를 들어 도농, 계층, 지역 간 격차는 여전히 좁혀지고 있지 않으며, 상위와 하위소득계층 간의 격차는 오히려 더욱 커진 것으로 분석되고 있다. 또한 친(親)시장 거버넌스 구축과 관련해 이른바 '국진민퇴'의 역진(逆進)현상이 나타나기도 했으며, 시장에 대한 국가의 개입축소 정책은 정치체제로부터 발생하는 원인으로 실질적인 개선이 미흡한 것이 현실이다.

다. 시사점

향후 중국은 경제 전반의 구조개혁 강화를 통해 견실한 중성장 시대의 진입이 전망됨에 따라 이에 대한 우리의 적절한 대응이 필요하다. 우선, 중국 내수시장 확대를 겨냥해 차별화된 대중국 진출 전략 마련이 시급하다. 앞으로 중국 가계의 소득수준 향상에 대비해 'Made for China' 등 중국 내수시장 수요에 맞는 소비재 수출 방안을 다각도로 모색해야 할 필요성이 제기된다. 다음으로 중국의 산업재편 및 산업 고부가가치화에 대비한 국내 산업 경쟁력 강화책 마련이 시급하다. 향후 중국의 산업고도화에 따른 완제품 제조에 사용되는 소재, 부품, 장비 등 중간재 부분에서 중국산 제품의 비중이 증가하는 차이나 인사이드(China Inside) 현상의 가속이 예상되므로 IT, 반도체 등 우리의 우위 산업 경쟁력이 지속될 수 있는 방안도 지속적으로 발굴할 필요가 있다. 한편, 우주 항공 등 우리와 비교해 기술 우위를 보이고 있는 분야에 대한 적극적인 기술협력 모색도 시급해 보인다. 또한, 한중 FTA 및 AIIB(Asian Infrastructure Investment Bank) 활용 플랜 마련 등 중국의 뉴실크로드 전략에 맞춰 국내 경제에 실익을 가져올 수 있도록 정책 대안을 마련해야 할 필요성이 제기된다. 중국의 동부 지역 뿐만 아니라 중서부 및 동북지역에 거대 경제권이 형성될 예정인 만큼 교통 등 적극적인 기초 인프라 투자 참여 여부도 검토할 필요성이 있다. 또한, AIIB 회원국 자격을 활용, 향후 동아시아 등 지역에 대한 도로, 철도, 항만 등 인프라 투자 확대에 대비한 참여 기회를 극대화해야 할 것이다. 마지막으로, 중국 경제의 중속성장이 지속되면서 나타날 수 있는 돌발 리스크에 대해서 지속적이고 상시적인 모니터링을 통해 국내로의 리스크 전이를 사전에 방지해야 할 것이다. 중국 경제의 둔화가 지속될 경우, 금융 및 실물 부문 모두 부실화가 확대될 것으로 예상됨에 따라 이로 인한, 국내로의 리스크 전이를 사전에 예방할 수 있도록 다각적인 정책 노력이 필요하다 하겠다.

AIIB

시진핑 중국 국가주석이 2013년 10월 인도네시아에서 제시한 것으로 중국이 낙후된 아시아 인프라 건설과 주변국과의 소통강화를 위해 2016년 1월 창립한 국제금융기구이다. 중국 정부의 아시아인프라투자은행(Asia Infrastructure Investment Bank) 설립은 일대일로와 관련한 역내 국가의 인프라 건설자금을 조달하여, 일대일로 프로젝트의 성공적인 추진을 위한 재정적 지원을 도모하고 아시아 경제개발의 주도권을 확보하는데 궁극적인 목적이 있다. 2015년 12월 25일 정식 출범한 AIIB는 아시아 34개국, 유럽 18개국, 오세아니아 2개국, 아프리카 2개국, 남아메리카 1개국 등 총 57개 회원국을 두고 있으며, 회원국의 출자비율에 따라 의결권을 부여하고 있는데 중국은 30.34%의 최대 의결권을 보유하고 있다. 한국은 창립 회원국으로 되어 있으며 주요 경제국 중 미국과 일본은 현재 가입하고 있지 않은 상태이며 미국과 일본 주도의 세계은행과 아시아개발은행에 대항하기 위한 차원에서 AIIB를 설립했다고 보는 견해도 있다. 본부는 베이징(北京)에 있으며 초대 회장은 진리췬(金立群) 전(前)중국국제금융공사 회장이 역임하고 있다.

4. 중국경제의 최근 현황과 전망

1) 중국경제의 최근 현황

(1) 주요 대내외 경제지표

중국은 1978년 개혁·개방 이후 오늘날까지 세계경제사에서 그 유례를 찾아 볼 수 없을 정도의 높은 경제성장을 달성하고 있으며 2010년에는 일본을 제치고 세계 제2위의 경제대국으로 부상하였다. 2015년 중국의 명목GDP는 11조 647억 달러를 기록하고 있으며, 1인당 명목GDP 역시 1978년 225달러에서 2015년 8,069달러로 약 36배가량의 증가를 보이고 있다. 또한 중국은 지속적인 경제성장과 더불어 수출 방면에 있어서도 2016년 2조 982억 달러를 기록하여 세계 제1위의 수출대국으로 성장하였다. 수출품목별 구조에서도 과거의 1차상품 및 잡화의 비중은 축소된 반면 기계 및 운송장비 등 기술집약적인 2차상품의 비중은 꾸준히 확대되고 있는 실정이다. 수입에 있어서도 중국은 2016년 1조 5,874억 달러로 미국에 이어 세계 2위의 수입국으로 부상하였다. 이와 같이 최근 중국의 무역량이 폭발적으로 증가하게 된 요인으로는 2001년 중국이 WTO에 가입하게 되면서 중국시장의 전면적인 개방이 이루어지게 되었기 때문이다.

한편 중국은 외환보유액 면에서도 괄목할만한 성장을 기록하였다. 2016년 중국의 외환보유액은 3조 105억 달러로 세계 제1위를 기록하고 있는데 이는 그동안 중국의 지속적인 무역수지 흑자와 외국인직접투자(FDI) 유입의 증대결과로 설명될 수 있을 것이다. 이와 같이 최근 중국의 외환보유액의 급증은 대외적으로 위안화 평가절상 압력을 가중시키는 주요 요인으로 작용하고 있다. 이에 중국 정부에서는 자국기업의 해외진출을 적극적으로 장려하는 '조우추취(走出去) 전략'을 실시하여 중국이 보유한 외환보유액을 적절하게 소비하게 함으로써 위안화 평가절상 요인을 상쇄함은 물론이거니와 해외시장에서 외국기업들이 보유한 우수한 제조기술 및 경영노하우를 적극적으로 습득하게 함으로써 중국기업의 글로벌화를 적극적으로 추진하고 있다.

(2) 산업구조의 변화

중국경제의 급성장과 함께 산업구조도 크게 변화되고 있다. 특히 1978년 개혁·개방정책으로 외국기업의 중국진출이 활발해 지면서 2차 및 3차 산업이 차지하는 비중이 높아진데 비해 1차 산업의 비중이 저하되고 있는 실정이다. 이는 중국의 산업구조가 개혁·개방이후 공업화와 더불어 서비스산업화가 빠르게 진행되고 있음을 의미한다. 중국 GDP에서 서비스산업이 차지하는 비중을 살펴보면 1978년 23.9%에서 계속해서 증가하여 2016년에는 51.6% 수준을 기록하고 있다. 그러나 이러한 3차 산업의 비중은 일본의 65%, 미국의 75%에 비하면 아직도 낮은 수준이라고 할 수 있음은 물론이거니와 인도의 54.1%, 브라질의 64.6% 등 여타 개도국 수준에도 못 미치는 실정이다. 이와 같이 중국의 3차 산업 발전이 미약한 주요 이유로는 외국기업에 대한 정부의 규제, 서비스업에 대한 국영체제의 유지 등으로 금융, 보험, 통신 등 고부가가치 서비스업종 발달이 미약하였기 때문이다.

(3) 세계의 생산공장에서 세계의 시장으로

개혁·개방 이후 중요한 변화 중 하나는 중국이 공업생산의 불모지에서 세계의 생산공장으로 변모했다는 점이다.

중국은 철강, 석탄, 시멘트, 화학비료, 면직포, TV, 자동차의 생산에서 세계 1위를 차지하고 있고, 자전거, 전지, 맥주, 의류, 방직품 등 100여 종의 경공업 제품에서도 세계 1위를 차지하고 있다. 특히, 중국의 철강 생산량은 1978년 3,178만 톤에서 1996년 1억 톤을 넘어서 세계 1위의 생산국이 되었으며, 2016년에는 8억 톤을 넘어섰다. 컬러TV 생산량은 1978년 4,000대에 불과하던 것이 2016년 1억 5천만대를 훨씬 넘어 세계 1위를 차지하고 있으며, 자동차 생산에 있어서도 1978년 14만 9천대에서 2016년에는 2,811만 9천대를 생산하여 무려 189배가량의 증가를 보여 자동차 대국인 미국을 제치고 세계 1위의 자동차 생산국으로 부상하기에 이르렀다.

이와 같이 중국이 오늘날 '세계의 생산공장'으로 급부상할 수 있게 된 주요 원인으로는 1978년 개혁·개방이후 다양한 세제상의 혜택 및 인센티브 등을 제공하여 외국기업들의 중국진출을 계속해서 장려한 결과로 해석된다. 중국에 진출한 외국기업 입장에서는 그동안 중국에서의 생산 및 경영활동이 저렴한 노동력을 활용할 수 있을 뿐만 아니라 넓은 소비시장을 확보할 수 있다는 점에서 중국진출의 가장 큰 유인으로 작용한 것으로 분석된다.

그러나 최근에는 이러한 중국이 생산기지로서의 매력이 점차 감소되어 가고 있다. 즉, 중국 경제 발전과 더불어 노동자들의 임금수준이 상승되고 있으며, 토지임대료 및 원자재 가격도 급증하고 있고 위안화 가치 상승 등으로 대중 투자비용 상승이 급격하게 발생하고 있는 등 중국의 현지경영 환경이 나날이 악화되어 가고 있다. 이와 같이 최근 중국이 생산기지로서의 매력이 점차 상실되어 가고 있는데 반하여 거대 소비시장으로의 매력은 증가하고 있다. 2015년 1인당 GDP가 8천 달러를 초과하였으며, 이러한 추세가 계속된다면 2020년에는 1만 달러를 넘어설 것으로 예상된다. 이러한 국민소득의 증가는 중국의 내수시장 규모를 확대시키는데 큰 기여를 하고 있는바 가전제품, 휴대전화, 맥주, 자동차 등 소비재 판매에서 중국은 현재 세계 최대의 소비규모를 기록하고 있다. 이와 같이 최근 14억 중국인은 세계의 공장에서 일하는 노동자에서 거대시장에서 소비하는 소비자로 변모하고 있으며, 이에 따라 외국 다국적기업들은 중국을 저렴한 노동력 활용차원보다는 넓은 소비시장을 개척하기 위한 차원에서의 진출로 패러다임이 전환되고 있다.

(4) 지역경제의 변화

1949년 신중국 수립 이후부터 개혁·개방 이전까지 중국은 '삼선(三線)건설'로 대표되는 내륙 중심의 투자 및 지역발전 전략을 추진하여 왔다. 이에 따라 개혁·개방 이전 중국의 경제성장은 연해지역과 중서부 지역 간의 균형발전이 이루어졌고, 1952년부터 78년까지 동부지역과 내륙지역이 중국의 전체 GDP에서 차지하는 비중은 큰 변화가 없었다. 개혁·개방 이후부터 1990년대 말까지는 선부론(先富論)에 입각하여 연해와 동부지역을 중심으로 하는 불균형 발전전략이 추진되었다. 즉, 1980년대 초부터 1990년대 초반까지 경제특구, 연해개방도시, 연강(沿江)경제구, 내륙 중심도시, 철도와 고속도로의 연선(沿線) 및 국경 연변(沿邊) 지대로 이어지는 다층적인 지역개방 전략을 추진하여 왔다. 그 결과 연해지역과 내륙지역 간, 동부·중서부지역 간 발전격차가 확대되는 결과를 초래하게 되었다. GDP에서 연해지역이 차지하는 비중은 1978년 52.5%에서 2005년 61.7%로 늘어난 반면, 중서부지역이 차지하는 비중은 47.5%에서 38.3%로 낮아지게 되었다.

이에 중국 정부는 1990년대 말부터 연해지역과 내륙지역 간의 균형발전을 통한 발전격차 완화 및 시너지효과 극대화를 위하여 1999년 서부대개발(西部大開發) 전략, 2003년 동북진흥(東北振興) 전략, 2006년 중부굴기(中部崛起) 전략이 차례로 중앙정부의 승인을 받아 추진되고 있다. 이러한 지역간 균형발전 전략 추진을 통하여 2005년을 기점으로 중서부지역이 중국경제에서 차지하는 비중이 점차 높아지고 있는 실정이며 2016년의 경우 중서부지역의 GDP가 중국 전체 GDP의 44.8%를 차지하고 있다.

2) 중국경제의 현안과제

(1) 에너지 부족

넓은 국토를 가지고 있는 중국은 석유, 철광석 등 풍부한 지하자원을 보유하고 있으나, 고도경제성장과 국민생활수준의 향상에 따른 에너지 소비량이 나날이 증가하고 있는 실정이라 오늘날 주요 자원의 상당부분을 수입에 의존하고 있다. 1993년 이후, 에너지 순수입국으로 돌아선 중국은 석유수입 의존도가 지속적으로 상승하여 2016년의 경우 65%에 달하여, 미국에 이어 세계 2위의 원유수입국이 되었다. 게다가 급속한 경제성장으로 중국의 석유수입 의존도는 향후 지속적으로 높아질 전망인데 반해 중국 내 원유와 천연가스 매장량은 이르면 14년 이내에 고갈될 것이라는 관측이 나오고 있다.

이러한 에너지의 안정적인 확보를 위하여 중국 정부에서는 '자원외교'를 통한 에너지 확보에 전력을 기울이고 있다. 즉, 중국 국가주석이 모로코, 나이지리아, 케냐 등 아프리카를 순방하는 것도 자원확보와 유엔 등 국제사회의 주도권 경쟁에서 아프리카를 우방국으로 만들기 위한 목적이며, '상하이협력기구(Shanghai Cooperation Organization)'를 창설한 것도 중앙아시아에서 자원확보에 유리한 위치를 점하기 위한 것이다. 또한 2005년에는 에너지 확보를 위한 범정부 비상대책기구인 '국가에너지소조(小組)'를 출범시켜, 향후 국가 에너지 발전전략과 계획수립, 전 세계적 에너지 개발, 에너지 대외협력, 국가적 에너지 절약방안 등 에너지 관련 중대정책을 연구하고 이를 국무원(國務院)에 제의하기에 이르렀다.

중국이 이처럼 '에너지소조'를 발족해 에너지 확보 총력에 나선 것은, 미국 주도의 국제석유시장에서 안정적인 에너지원을 확보하지 못할 경우 경제발전과 군사력 증강 등 국가의 종합안보가 큰 위협을 받을 수도 있다는 위기감이 작용한 것으로 분석된다.

상하이협력기구

상하이협력기구는 중국, 러시아, 우즈베키스탄, 카자흐스탄, 키르기스스탄, 타지키스탄 등 6개국 정상들이 2001년 7월 14일에 설립한 국제기구이다. 1996년 4월 26일 중국 상하이(上海)에 모인 러시아, 중국, 카자흐스탄, 키르기스스탄, 타지키스탄 정상들이 <국경 지대의 군사적 신뢰 강화를 위한 조약>을 체결하면서 '상하이 5국(Shanghai Five)'이 형성되었다. 2001년 6월 15일에 우즈베키스탄이 합류하면서 상하이 5국은 상하이협력기구로 개편되었으며 인도, 파키스탄은 2017년 6월 9일 가입하였다. 상하이협력기구는 테러리즘, 분리주의, 극단주의를 "3대 악(惡)"으로 규정하고 이에 대한 공동 대응을 모색하는 한편 중앙아시아, 유라시아의 안전보장 확립을 설립 목적으로 한다. 또한 회원국 간의 정치, 경제, 군사, 문화 등 폭넓은 분야에서의 협력 강화를 도모하고 있다. 이러한 이유로 상하이협력기구가 북대서양조약기구(NATO)를 견제하기 위해 만들어 졌다고 보는 시각도 있다. 현재 상하이협력기구의 회원국은 중국, 러시아, 인도, 파키스탄, 카자흐스탄, 우즈베키스탄, 키르기스스탄, 타지키스탄 등 8개국이며, 옵서버(observer)로는 아프카니스탄, 벨라루스, 이란, 몽골 등 4개국이 있다.

(2) 소득격차

중국은 1978년 이래 개혁·개방정책을 과감히 실행하여 비약적인 경제성장을 이룩하였으나 이러한 급속한 경제성장 과정에서 도농간, 지역간, 계층간 소득격차가 크게 확대되어 왔다. 이러한 소득격차의 확대는 내란 및 폭동을 유발하여 사회안정을 위협할 정도로 심각한 사회문제로 부상하고 있다. 소득격차를 파악할 수 있는 가장 대표적인 지니계수(Gini coefficient)의 경우 0.4를 초과하면 소득분배 구조에 심각한 문제가 있는 것으로 파악할 수 있는데 중국은 이미 2000년에 0.458을 기록하였다. 한편 연해지역과 중서부지역 간의 소득 격차 역시 나날이 심화되고 있는데, 중국의 최고 소득지역인 상하이(上海)시와 최저 소득지역인 구이저우(貴州)성 간의 1인당 GDP 차이는 1990년 7.3배에서 2000년에는 11.3배까지 확대되었다. 그러나 2000년대 이후부터 중국의 중서부지역 투자 확대로 그 격차는 점차 축소되고 있기는 하지만 2016년 현재 여전히 3.4배의 현저한 격차를 유지하고 있다.

도농간 소득격차 역시 이미 우려의 수준을 넘어서고 있는데 도시 가처분소득 대비 농촌 순수입의 비율이 1978년 2.57배에서 지속적으로 확대되어 최근에는 약 3배의 격차를 보이고 있다.

중국 정부에서는 이러한 소득격차문제를 근본적으로 해결하기 위하여 최근 '균부론(均富論)'을 내세워 부의 균등한 분배를 통한 질적인 경제성장을 모색하고 있는 바 이를 위하여 소득분배시스템, 세제 등 다방면에 걸쳐 제도개선책을 제시하고 있으나 아직까지 가시적인 성과가 나타나고 있지는 못하고 있다.

(3) 인구 노령화와 노동력 공급의 약화

중국의 경제성장은 노동력의 투입 확대를 통해 이루어져 왔다고 할 수 있으나, 1970년대 중반 '한 가구 한 자녀 정책(計劃生育)'을 실시한 이후 인구증가율이 크게 둔화되어 노동력 공급 증가속도가 급격히 떨어지고 있는 실정이다. 2016년 기준으로 중국 인구의 자연증가율은 0.586%의 매우 낮은 수준을 유지하고 있는 바, 이러한 추세가 지속될 경우 2030~35년 기간 중 중국의 인구가 최대에 달하고 이후 감소세로 전환될 것으로 전망되고 있다. 인구 노령화가 진행되는 가운데 임금도 지속적으로 상승하고 있어 노동 투입에 의한 성장이 제한을 받을 것으로 전망된다. 중국 노동력의 인력구조에 있어서도

2010년을 정점으로 노동연령(15~65세)의 인구 비중은 하락하기 시작하고, 60세 이상의 노령인구의 비중은 급상승할 것으로 전망되고 있다. 이러한 인구의 노령화는 노동력 공급의 축소는 물론 사회보장 부담을 가중시킴과 동시에 전반적인 임금수준의 상승을 가져옴으로써 중국의 중장기 성장잠재력을 저하시키는 요인으로 작용할 것으로 보인다. 이러한 인구 고령화와 노동인구 감소 문제가 심각한 사회적 문제로 대두되자 중국 정부에서는 2013년 부모 중 한쪽이 독자(獨子)일 경우 두 자녀까지 허용하기로 정책 방침을 수정한데 이어 2016년부터는 '전면적 두자녀 정책(全面二孩)'을 실시하게 되었다.

(4) 실업문제

매년 중국의 노동력은 약 1,600만 명씩 증가하고 있으나 이들을 수용할 수 있는 고용창출에는 한계가 있어 실업이 증대되고 있는 실정이다. 여기에 국유(國有)기업의 개혁과 구조조정과정에서 나타난 대규모 실업과 청년실업문제는 사회 안정을 위협하는 큰 요인이 되고 있다.

공식적으로 발표된 중국의 2016년 실업률은 4.0%이나 실제 실업률은 10%이상(일시 해고자와 농촌 잉여노동력 포함)일 것으로 추정된다. 현재 중국의 실업은 지역적으로 국유기업이 밀집한 동북 3성, 업종별로는 방직과 기계 등 그동안 혹독한 구조조정을 겪은 제조업 부문에서 심각하게 나타나고 있으며, 실업통계에 잘 잡히지 않는 농민공(農民工)과 대졸자들이 큰 부분을 차지하고 있는 실정이다.

중국경제가 과거와 같이 두 자릿수의 고도성장을 지속적으로 유지하기가 어려울 것이라는 점을 감안한다면, 이러한 실업사태는 장기화 될 가능성이 높지만 실업자의 대부분이 농민공들로 고향에서 토지를 소유하고 있고 과거와는 달리 정부로부터 보조금과 재취업 서비스를 제공받고 있기 때문에 직접적으로 중국의 사회불안 사태로 이어질 가능성은 희박한 것으로 보인다.

(5) 부정부패

권력을 이용한 부의 축적, 자산의 해외도피 등 부정부패는 중국정부의 강력한 처벌에도 불구하고 지속적으로 발생하고 있다. 중국 최고인민검찰원이 공개한 자료에 의하면 2000년 중국 최고인민검찰원이 공안부(公安部)와 협력하여 부패공무원 단속에 나선 이후, 2011년까지 12년간 약 18,487명을 적발한 것으로 나타났다. 또한 중국에서 부정부패를 행하고 해외로 도피하여 생활하고 있는 사람이 최소 1만 명 이상이며 대부분 국유기업 사업단위 및 국유금융기관의 고위직 출신으로 이들이 소지하고 나간 해외성 도피자금이 무려 1조 위안으로 추정되고 있다.

이와 같은 부패의 심각성을 깊이 인식한 시진핑 국가주석은 2012년 11월 집권하자마자 부패와의 전쟁을 선포하고 부정부패 척결 의지를 실천으로 옮기고 있다.

3) 중국경제에 대한 향후 전망

위에서 언급한 현안과제를 잘 해결할 경우 중국경제는 가까운 장래에 미국까지 추월하여 세계최대의 경제대국으로 부상할 것으로 전망되는 바, 이하에서는 중국경제의 향후 전망에 대하여 구체적으로 살펴보도록 한다.

(1) 세계 최대 경제대국으로의 부상 가능성

중국경제는 GDP 규모면에서 2010년 이미 일본을 추월하였으며, 중국경제의 고도성장이 지속될 경우, 향후 20년 내 미국을 추월하여 세계 최대의 경제대국으로 부상할 것으로 전망되고 있다. 대부분의 분석기관들은 2035년을 전후하여 중국의 GDP 규모가 미국을 앞지를 것으로 예상했으나 미국발 글로벌 금융위기의 영향으로 빠르면 이 시기가 2020년 전후로 앞당겨질 것이라고 분석하고 있다. 이를 구체적으로 살펴보면, 2003년 골드만 삭스는 중국이 2039년에 미국을 추월할 것으로 예상하였으며 2008년 카네기재단의 중국경제 전문가인 앨버트 키델(Albert Keidel)은 2030년 중국이 미국경제를 추월하고, 2050년에는 미국의 두 배에 달할 것으로 예측하였다. 중국사회과학원의 왕쩐화(王振華) 박사는 중국경제가 향후 매년 8%씩 성장하고, 미국, 일본, 유럽 경제가 각각 2%씩 성장할 경우 2018년에는 중국이 미국을 넘어서 세계 1위의 경제대국으로 부상할 것으로 예측하였다.

(2) 중국경제 성장 시나리오

향후 중국경제의 지속성장 가능 여부는 국내적인 제약요인과 대외경제의 불안요인들에 대한 중국의 통제력 여하에 의하여 결정될 것으로 보인다. 특히 대내적으로 저렴한 노동력을 지속적으로 공급할 수 있으며, 생산성 향상이 이루어질 수 있느냐의 여부에 달려 있다고 볼 수 있다. 이에 따라 중국의 중장기 성장 시나리오를 크게 3가지로 구성하여 살펴볼 수 있을 것이다.

첫째, 표준적인 시나리오로서 과거와 같이 농업노동력의 비농업분야로의 이전이 빠르게 진행되고, 과거와 같은 생산성 향상이 이루어진다는 전제조건으로 이 경우 중국경제는 2030년까지 연평균 8.5%의 성장이 예상된다.

둘째, 조화로운 발전 시나리오는 표준적인 시나리오에 비해 서비스분야에서 생산성이 향상되는 경우로 이 경우 중국경제는 2020년까지 연평균 8.9%의 성장이 예상된다.

셋째, 리스크 시나리오는 노동력 공급에 있어 제약이 발생하고 생산성 향상에도 실패하는 경우의 시나리오로 이 경우 중국경제는 2020년까지 연평균 7.5%의 성장이 예상된다.

각 경우의 시나리오를 감안해 볼 때 중국경제는 2020년까지 연평균 최고 8.9%까지 성장할 수 있을 것으로 예측되며 이러한 성장 시나리오에 따르면 2020년 중국의 경제규모는 2000년의 4.2~5.5배로 증가할 전망이다.

제5장

중국 현대사회

1. 현대사회 형성의 역사적 배경

1) 제국주의 침략과 도전

중국은 유구한 역사와 문명을 가지고 있으며 이에 대한 민족적 자부심도 매우 강한 국가이다. 그러한 중국에게 근대 사회로의 이행과정은 매우 뼈아픈 역사라고 할 수 있다. 중국의 마지막 전통 국가인 청(淸)은 함포를 앞세운 서양 제국주의 세력의 침략으로 무릎을 꿇었고 그 이후 약 100년 동안 중국은 고통스러운 현대화의 길에 나서게 된다.

이 시기 중국사회의 변화는 '전통'과 '현대'의 충돌로 촉발되었다고 할 수 있다. 한때 '현대'는 서양자본주의가 동력이 된 사회발전 과정이나 이로 인해 나타난 사회적 특징으로 정의되었으며 역사발전의 보편원칙으로 간주되기도 하였다. 그런 까닭에 서구문명의 침입으로 청 제국이 쇠락해가는 동안에는 중국문명에 대한 비판과 반성이 이어져 그 가치가 상당부분 의문시되기도 하였다.

일부학자들이 폄훼하는 것처럼 과연 중국 전통사회가 체제 자체의 근본적인 변화가 존재한 적 없었던 '장기지속의 역사'였는지를 두고 의견이 분분하다. 미국의 저명한 중국학자인 페어뱅크(John King Fairbank)는 '충격-반응'의 관점으로 중국의 전환을 설명하기도 한다. 그는 중국이 독특한 문화, 가치관, 역사를 가지고 있다는 점을 긍정하면서도 자생적으로 자본주의가 발전할 수 있는 동력이 부족하였다고 지적한다. 중국문명이 충격과 도전에 반응하면서 현대 사회로 이행을 시작하였다는 관점에서 본다면 서구의 침략은 매우 불행하고 참담한 역사이기는 하지만 정체되고 순환되었던 중국이 현대 사회로 진입하게 되는 가장 중요한 계기가 된다고도 볼 수 있다.

제국주의로 인한 현대화를 부정하는 이견도 있다. 서구의 제국주의 침략이 중국 전통사회 체제를 철저히 파괴하면서 중국 사회가 현대 사회로 이행할 수 있는 가능성이 오히려 상실되었다는 것이다. 이는 중국 국내학자 대다수가 견지하고 있는 입장으로 서구의 제국주의 침략에 따른 정치 지배, 군사 침략, 경제 착취를 비난하는 한편 서구 자본가 세력이 중국 사회에 유입되면서 중국의 자생적인 사회관계를 괴멸시킴으로써 새로운 시대로의 이행도 불가능해졌다고 생각한다. 이러한 관점을 가진 학자들은 자력으로 현대로 이행을 가능하게 할 자본주의 맹아가 중국 내부에 충분히 자리 잡고 있지 못했으며 제국주의 침략은 그 가능성마저 소멸시켜 현대화된 생산방식, 정치제도, 사회체제가 성장할 수 없었다고 본다.

이상의 관점은 본질적으로 한 가지 공통점이 있다. 바로 서구 현대사회를 판단의 기준으로 삼아 중국에서는 왜 서양과 같은 현대화가 발생하지 않았는지에 대해 질문하고 있다는 점이다. 최근 등장한 학문의 '본토화(本土化)'를 주장하는 학자들은 현대성의 가치기준을 삼는 의견에 반대를 표하며 이러한 관점에 입각하여 중국을 타자화(他者化) 하는 사고로는 중국사회의 전통과 현대 사이에 존재하는 내적 동력을 관찰해내는 것이 불가능 하다고 지적한다.

2) 현대사회로의 이행

19세기 말 서양의 동진이 본격화되면서 구학문와 신학문의 대립이 첨예화되었다. 비록 청말 학자 대다수가 '중체서용(中體西用)'을 관념적으로 수용하고 있었으나 점차 서학의 영향력이 강해지고 있었다. 그러나 청말(淸末) 중화민국 시기 학자 중 일부는 주체적으로 중국문명을 해석해야 한다는 인식을 이미 하고 있었다. 이후 20세기 후반에 이르러서는 서양의 중국 역사연구를 비판하는 '중국 중심 역사관'이 주목을 받았다. 저명한 역사학자인 코헨(Paul A. Cohen)은 중국인의 관점에서 중국역사를 재현해야하며 외부에서 유입된 관념으로 중국역사를 논하는 것은 서양의 관점에서 중국을 이해하려는 것에 불과하다고 지적하기도 하였다. 중국 중심 역사관은 중국역사 해석에 외부요인과 비중국권의 이론과 방법론 적용을 원천적으로 배제하려는 것이 아니다. 다만 이러한 이론과 방법론이 가지고 있는 한계와 편견을 충분히 인식해야 한다는 점을 강조한다. 또한 중국사회를 사고의 중심에 두면서도 전통 시대 중국의 유산, 그리고 현대사회의 등장을 냉철하게 분석하고자 하면서 중국 역사문물을 무조건적으로 긍정하려 하지도 않았다.

따라서 중국의 현대화는 마지막 제국이었던 청대(淸代)의 유산을 검토하는 것으로부터 시작한다. 청은 시기적으로 전통과 현대의 사이에 위치한 마지막 왕조로써 적어도 두 가지 점에서 후대에 중요한 영향을 끼쳤다. 첫째, 현대 중국과 거의 흡사한 국경선이 확정된 것이 바로 청대이다. 청대 이전 몽골족은 중앙아시아를 거쳐 유럽에 이르는 세계 제국을 건설하였으나 전 영토를 강력하게 통제할 수 있는 정치체제를 완성하지는 못했다. 이와 달리 만주족은 전국을 아우르는 행정과 군사 체제를 동원하여 견고한 대제국을 건설하고 이를 안정적으로 유지하였다.

둘째, 안정적인 제국을 유지하였음에도 불구하고 전통체제가 가진 모순으로 사회 내부 갈등이 심화되면서 현대 사회로 넘어가는 문이 열렸다. 청 정부의 공식적인 기록에 따르면 14세기 중국 인구는 6000만 명이었다. 16세기에 이르면, 강수량이 적은 건조지역에서도 재배가능한 땅콩, 고구마, 옥수수와 같은 작물이 도입되면서 농업 생산량이 증가하게 되었다. 안정된 사회체계 안에서 인구는 지속적으로 증가하여 1700년 중국의 인구는 1억 5천만, 1794년에는 3억 천만 그리고 1850년에는 4억 3천만까지 다다르게 되었다. 그러나 늘어난 인구로 식량과 같은 생필품 공급부족 사태가 초래되면서 사회 생산력의 한계가 드러나게 되었다. 생산기술의 급진적인 진보가 없는 상황에서 초래된 물자부족은 정치·경제·사회체제에 대한 불만을 가중시켰고 결국 청말 사회혼란의 원인이 되었으며 새로운 대안을 찾는 사회적 요구에 직면하게 되었다.

이러한 혼란 가운데 제국주의 침략이 가속화 되면서 국내·외적 위기를 극복할 수 있는 새로운 국가체제에 대한 모색이 이루어졌다. 이 시기에 일어난 최대 변화는 전통적인 왕조체제가 민족국가 체제로 이행하였다는 점이다. 중화민국(中華民國)의 건국은 중국이 전통 시대를 종식하고 현대 사회로 전환되는 기점이 되었다.

제국주의의 침략과 서양문명의 접촉으로 사회적 혼란이 가속화되는 가운데 중국에서는 현대적 개념의 '민족주의'가 등장하게 되었다. 근대화 과정에서 중국의 '민족주의'는 기존의 화이관(華夷觀)을 극복하고 한족과 이민족을 아우르는 '중화민족(中華民族)'의 개념을 탄생시킨다. "한족과 이민족은 다르다(華夷之變)"는 사상에 입각하여 청

왕조를 타도하고 한족 중심의 민족혁명을 완수하여 한족 단일국가를 건설할 경우 동북삼성, 신장, 몽골, 티베트가 중국으로부터 이탈되어 천하사상(天下思想)에 기초한 중국의 전통 세계관이 붕괴하게 된다. 이에 중국혁명을 주도하던 혁명파는 오족공화(五族共和, 다양한 민족 즉 한족, 만주족, 몽골족, 회족, 티베트족의 평등한 민족관계를 기초로 한 다민족공화)로 방향을 선회하여 한족과 소수민족 전체를 아우르는 중화민족에 의한 민족국가의 건국을 주창하기에 이른다. 현대중국의 아버지인 쑨원(孫文)이 한족과 기타 다른 민족의 구분을 없애고 단일민족 개념인 중화민족이라는 명칭을 사용한 것은 우수한 한족과 무능한 이민족을 구별하면서 이를 배척하는 것을 넘어서 무능한 이민족의 주체성을 부정하고 이를 해체시켜 한족중심의 '동화'를 지향하는 '대한족주의(大漢族主義)'의 다른 표현이라는 지적도 있다.

중화민국이 채택했던 중화민족 개념은 중화인민공화국이 건국된 이후로도 이어지고 있다. 중화민국이 역사적 · 문화적 공동체인 중화민족에 의해 건국된 민족국가를 표방함으로써 중국 전통적 세계관을 현대적으로 계승한 민족개념이 정립될 수 있었으며 전통 중화제국의 영토가 현대 사회로 이행하는 과정에서 분열되는 것을 방지할 수 있었다.

또한 중화민국 시기에는 기존 국가유교 체제가 해체되고 새로운 사회계층의 등장하면서 계층분화가 이루어졌다. 신사(紳士)계층은 전통시대 중국의 지배계층으로 과거(科擧)를 통해 통치계층에 편입되었을 뿐만 아니라 민간에서 풍속과 교육을 담당함으로써 유학을 근간으로 하는 정치·사회체제를 지지하는 핵심세력이었다. 1840년 아편전쟁을 겪으면서 본격화된 제국주의 침략과 태평천국(太平天國)의 난으로 인한 정치사회적 혼란으로 유가적 통치이념이 심각한 도전을 받게 되자 청의 중앙집권적 통치체제는 균열되기 시작하였고 정치·사회 영역 전반에 걸친 신사계층의 통제력 또한 점차 약화되었다. 그 이후 신사계층은 점차 근대 상공업자, 근대 지식인, 그리고 신식 군인으로 분화되었다.

서구 자본주의의 도입과 더불어 가장 먼저 등장한 사회 계층은 개항장에 집중된 근대적 상공업자이다. 근대 기업의 주된 투자자로 등장한 이들은 상인이면서도 동시에 신사의 자격을 유지하고 있어 20세기 초가 되면 '신상(紳商)'이라는 독특한 사회집단을 형성하게 되었다. 이들은 1차 세계대전을 틈탄 중국 민족 공업의 황금기를 거치면서 1920년대 개항장 도시에 새로운 상공계층(상인층 또는 자본가 계급)으로 성장하였다. 개항장 도시에서 근대적 상공업과 금융업이 발전하면서 경제력에 바탕을 둔 상공계층의 정치적 발언권이 크게 강화되기도 하였다.

상공업자의 등장으로 도시 노동계급 또한 형성되었다. 도시 공장 노동자는 19세기 후반 출현하여 20세기 전반이 되면 그 수가 최소 100만을 넘어서게 되었고 주로 개항장에 인구가 집중되었다. 1920년대에는 이 지역을 중심으로 노동조합이 결성되면서 사회주의 지지가 급격하게 증가하기도 하였다.

1925년 3월 12일 쑨원이 사망한 이후 정권을 잡은 장지에스(蔣介石)가 1928년 12월 북벌을 완수한 후 남경국민정부는 정치적 안정과 경제적 발전을 도모하였다. 우선 관세자주권을 회복하고 소비세 등을 부과하여 안정적인 재정수입을 확보한 후 이를 바탕으로 국가체제를 정비하였다. 경공업 발전을 통해 수입 대체 산업의 성장을 육성하고 철도나 도로 등 기반 시설도 정비해나가면서 동부 연안지역을 중심으로 도시가 형성되기 시작하였으며 상하이와 같은 대도시에서는 영화나 연극 같은 대중문화가 번성하기도 하였다.

통상 현대는 공화정, 입헌제, 산업화, 도시의 형성과 같은 현대성이 등장하는 시기를 기점으로 한다. 그런 측면에서 봤을 때 중화민국의 건국은 현대의 시작이라고 볼 수 있다. 중화인민공화국은 마르크스 역사관에 입각하여 현대 자본주의 사회 이후에 공산주의 사회가 도래한다는 입장을 가지고 있다. 따라서 중국의 현대 시기를 중화민국 시기인 1912~1949년으로 규정하고 현대 자본주의 사회의 모순을 극복한 사회주의 중국 건국 이후를 '당대(當代)'로 구분하다.

중국공산당의 '사회주의 현대화'

현대를 중화민국 시기로 규정하고 있음에도 불구하고 중국공산당은 '현대화'라는 용어를 자주 사용한다. 현대화란 운동성과 지속성을 내포하고 있는 표현으로 현대성이 형성되고 있는 과정이라는 의미이다. 중국공산당은 현대화란 용어를 일찍부터 사용해왔다. 1964년 12월 저우언라이(周恩來)가 공업, 농업, 국방, 과학기술의 현대화를 주장한 바 있으며 1978년 헌법과 그 이후 1982년 헌법에서도 일관되게 사회주의 현대화를 강조하고 있다. 중국공산당은 현대사회를 "과학기술과 경제가 무한정 성장할 수 있는 사회"라고 규정하고 이를 현대 사회의 중요한 특징이라고 지적하며 생산력의 발전과 지속성을 강조하고 있다. 따라서 중국에서 현대화에 대한 논의는 철저하게 생산력의 발전에 초점을 맞추고 산업 업그레이드와 상품경쟁력을 유인하는 의미로 사용되고 있다. 현재 중국공산당은 사회주의 시장경제 체제 하에서 생산력의 지속적인 발전을 위해 제도개선이 필요하다 보고 있다. 사회분화로 다양한 이익집단이 등장하게 되면서 제한적으로나마 개방형 의사결정 과정이 필요하다고도 인식하고 있다. 다만 이러한 개혁은 지속가능한 생산력 발전에 유용한 경우에만 시도한다. 다시 말해 사회주의 현대화란 "사회주의 체제 하에서의 생산력의 발전과 그것을 가능하게 하는 제도적 건설"이라고 요약할 수 있을 것이다.

2. 사회주의 사회의 건설

1949년10월 1일 중화인민공화국이 건국된 후 중국공산당은 전쟁으로 폐허가 된 국가경제를 재건하기 위해 정부가 직접 물적 · 인적 자원을 통제할 수 있는 사회주의 공유제 체제를 구축하고자 하였다. 사회주의 공유제 하에서 경제행위는 정부의 계획에 따라 생산과 분배가 이루어진다. 공유제 개혁은 단순히 개인의 소유권이 국가나 집단으로 이전되는 것이 아닌 자유시장 경제체제와는 구분되는 새로운 사회조직과 제도가 구축되는 과정이라고 볼 수 있다. 중국정부가 추진한 사회주의 공유제 개혁으로 도시와 농촌에는 사회주의를 대표하는 조직인 '단위(單位)'와 '인민공사(人民公社)'가 등장하게 되었다.

이 두 조직은 사회주의 시대 정부의 계획에 따라 생산과 분배를 조직하고 물적·인적 자원의 동원을 전방위적으로 담당하였다. 생산과 분배를 담당한다는 것은 정치·행정·사회복지 등에 필요한 조직력과 재원을 통제할 수 있다는 권력을 보유하고 있다는 의미로 단위와 인민공사는 경제활동을 넘어 정치와 사회영역까지도 통제하는 소사회(小社會)를 구성하였다.

건국 당시 중화인민공화국은 인구의 80%이상이 농업에 종사하는 농업국가였다. 건국 당시 중국농업은 전형적인 소농경영의 특징을 그대로 보이고 있었으며 대부분의 농민이 분산된 소규모 경작지를 경영하는 탓에 농업의 상품화 정도가 매우 낮은 수준이었다. 1950년 「토지개혁법」이 실행되면서 지주계급의 토지소유제를 폐지하고 농민

토지소유제를 실행한 결과 인구의 과반이상을 차지하던 빈농의 경지 점유 비율이 높아져 소농경영 상황은 더욱 심화되었다. 뿐만 아니라 혈연을 중심으로 가족과 친족이 실제 농촌사회를 구성하는 기초 집단이었던 탓에 가정과 친족의 생계유지가 농업활동의 첫 번째 목적이었다. 따라서 생산력을 향상시키기 위한 공동 작업이나 상품작물을 통한 수익창출이 적극적으로 이루어지지도 못했다. 소농경영으로 인한 농업 생산력의 저하만큼이나 농촌 사회를 효율적으로 관리하기 위한 행정조직의 건설도 매우 시급한 상황이었다. 광대한 농업지역에 비해 도시지역은 극히 일부지역에 국한되어 있었다. 연해 일부 지역이 해외시장과 통상활동을 수행하고 있었을 뿐이며 지방도시 대부분은 정부 행정기구 소재지에 불과했다. 연해 지역의 산업시설도 매우 낙후하여 현대화된 기계설비도 부족한 형편이었다.

농업의 비효율성을 극복하고 산업발전을 실현하기 위해서 중국 정부는 무엇보다도 물적·인적자원을 정부가 집중적으로 관리하는 공유제 체제로의 전환을 급진적으로 진행하기 시작했다. 이러한 배경 하에서 도시에는 단위체제가, 농촌에는 인민공사가 등장하게 된 것이다.

1) 공산주의 사회조직: 인민공사와 단위

1950년 6월 중화인민공화국 정부는 「토지개혁법」을 공포하고 전국에서 토지개혁을 실시하였다. 토지개혁의 목표는 지주계급의 토지 소유제를 폐지하여 농민 토지 소유제를 실행하고 이를 통해 생산력을 발전시키고 수확량을 증대하여 국가의 산업화를 추진하기 위한 사회적 기초를 마련하고자 하였다. 토지개혁은 전형적인 위로부터의 개혁이었다. 중앙정부의 명령을 하달 받아 각 지방에는 토지개혁위원회가 설립되어 토지개혁을 지도하였으며 이를 통해 농민지주제가 실현되고 농민생활도 눈에 띄게 개선될 수 있었다. 토지개혁은 봉건적인 농촌의 모습을 변화시켰을 뿐만 아니라 개혁운동에 참여한 농민들의 정치의식을 향상시키고 공산당의 영향력을 농촌 사회 기층까지 확대하는 부대효과도 발생시켰다.

토지개혁으로 지주계급이 소멸되는 긍정적인 효과에도 불구하고 토지소유가 지나치게 파편화되어 농업생산량이 증가하는 데는 한계가 있었으며 도시에서는 식량부족 현상과 인플레이션이 발생하였다. 이러한 문제를 해결하기 위해서 중국 정부는 생산수단을 정부가 통제함으로써 생산력의 발전과 산업화를 실현하고자 하였다.

중국정부는 1953년 8월 정식으로 농업, 수공업, 자본주의 상공업을 사회주의 공유제로 전환하는 과도기 총노선을 제창하였다. 즉, 당시까지도 병존하고 있던 사적 소유제를 사회주의 공유제로 전환시키는 것이 주요내용이었다. 중국정부가 과감하게 사회주의 공유제 개혁을 실시할 수 있었던 것은 건국 이후 중국공산당의 초기 개혁이 성공을 거두면서 노동자와 농민의 지지를 획득할 수 있었기 때문이다. 과도기 총노선 기간 과거 사회지배 세력이었던 자본가·지주·부농·지식인의 사회적 지위가 급격하게 약화되고 중국공산당의 지도력이 한층 더 강화되면서 사회적 입지가 더욱 강화될 수 있었다.

사회주의 개조는 농촌과 도시에서 모두 진행되었다. 도시에서는 상공업의 집단화가 진행되었다. 중화민국 시기 국가 관료라는 특권을 이용하여 재부를 축적한 관료자본가 계급의 재산은 일괄적으로 몰수되어 국영공업 체제의 기초가 되었다. 공산혁명에 호응하거나 적극적 지지를 표했던 민족자본가 계급의 자산도 점진적으로 공사합영(公私合營)으로 전환되었다. 공사합영이라고 하더라도 계획경제 체제 하에서 정부가 발주한 상품을 위탁하여 생산하고 정부가 통일적으로 이를 구매하여 독점 판매하게 되면서 사유자산의 경영권이란 점차 유명무실하게 되었고 자본가 계급은 사실상 소멸되게 되었다. 특히 생산조직에 정부의 행정간부가 파견되어 경영에 참여하게 됨으로써 기업이 국가의 행정 관리구조에 편입하게 되었으며 기업은 경영자주권을 상실하게 되었다.

〈사회주의 공유제 사회〉

중국정부는 사회주의 공유제를 완성함으로써 계획경제를 실시할 수 있는 조직기반을 갖게 되었으며 이를 통해 생산과 분배를 완벽하게 통제할 수 있었다. 이와 함께 도시에는 단위체제가 등장하였다. 계획경제의 특성상 단위는 생산조직이자 행정조직의 특성을 동시에 가지고 있었다. 사회주의 사회에서 노동자는 사회주의 공유제 생산조직과 유일하게 노동관계를 형성하였으며 대부분의 노동자가 정규직 신분에 있었다. 국가는 직업을 통일적으로 분배하고 조정하였으며 단위 내의 노동자는 임금을 받고 노동력을 파는 고용인 신분이 아니었다. 생산요소의 공유제 전환으로 생산조직 안의 노동관계는 생산요소를 소유한 국가와 노동자 관계로 수렴되었으며 국가가 담당해야 할 사회 공공서비스 단위를 통해서 분배되었다.(企業搬社會) 이처럼 계획경제 체제는 생산과 분배가 행정명령에 의거하여 실현되었기 때문에 자연스럽게 단위는 행정조직으로서의 기능도 담당하였다.

같은 시기에 농업의 집단화도 급격하게 진행되기 시작하였다. 당시 중국정부가 농업의 집단화를 급진적으로 실행한 것은 중공업화를 추진하는데 필요한 대규모 자금을 농업부문에서 조달하기 위한 것이었다. 정부는 농업생산품의 가격을 인위적으로 저가로 책정하고 고율의 농업세를 징수하여 자금을 축적하고자 하였다. 이를 위해 정부가 농업을 통일적으로 관리하고 통제하고자 하였다. 대대적인 생산운동과 함께 사회개조가 이루어지면서 중국 농촌사회에는 인민공사라는 새로운 사회조직이 등장하게 되었다. 하나의 향(鄕: 중국 농촌의 기층 행정단위)에 하나의 인민공사를 조직하는 것을 원칙으로 향 인민정부와 향 인민대표대회가 인민공사에 포함됨으로써 중국 공산주의 농촌사회의 기층단위가 되었다. 이로써 인민공사는 농업·공업·상업·문화·교육·군사를 결합하여 집단 생산과 집단 생활을 영위하는 자력갱생과 자급자족의 지역공간으로 자리매김 하였다.

도시 단위체제의 노동관계가 국가-노동자 관계로 수렴되면서 국가 행정체계 하에서 생산과 분배가 이루어진 것과 달리 인민공사는 기본적으로 자급자족을 원칙으로 하였다. 따라서 농촌에 필요한 생산물품과 사회기초 건설을 인민공사 내부에서 자체적으로 해결해야 했다. 이는 당시 중국정부가 중공업 발전을 위해 대부분의 재정을 도시와 산업 분야에 투입하면서 농촌의 기초설비 건설을 의도적으로 도외시한 결과였다. 당시 중국정부는 농산물의 가격을 저가로 유지하며 농업세를 징수하여 도시 산업 발전 비용을 충당하면서도 정녕 농촌의 발전에는 소극적이었던 일면을 보인 것이다. 이처럼 사회주의 사회에서의 중공업 발전은 농촌의 희생 위에서 이루어져 갖가지 사회문제를 잉태하게 되었다.

2) 사회주의 공동체 사회의 한계

국가가 생산요소를 통일적으로 관리하여 비약적인 생산력의 발전을 이루겠다는 중국공산당 정부의 바람은 효과적으로 이행되지 못했다. 왜곡된 평등주의와 생산현실을 반영하지 못한 행정명령은 오히려 생산력을 저하시키는 결과를 나았고 사회적 모순을 증폭시키는 부작용을 발생시켰다.

계획경제 시기 노동은 고도의 평등성과 고도의 안정성이 보장된 반면 가벼운 업무 부담과 임금의 평준화로 오히려 생산 활력이 떨어졌다. 정부가 생산조직을 통일적으로 관리하면서 기업을 대형화 한 것도 경제적 비효율을 잉태하였다. 또한 노동자 다수의 취업 문제를 해결하고 생활 조건을 개선시킬 수 있는 경공업 발전을 추진하지 않고 중공업 위주로 산업 구조를 재편한 것도 중국의 사회경제적 발전을 정체시킨 원인으로 지목받고 있다.

사회주의 공동체 건설로 인해 가족을 중심으로 한 사회의 중심축이 흔들리게 된 것도 사회주의 공동체에 대한 문제점으로 지적 받는다. 전통시대 중국인은 국가에 대한 충성심보다 가족에 대한 애정이 더 강하였으며 유가사상에 입각하여 가정을 중심으로 한 가치체계를 형성하고 있었다. 양육과 교육, 소비행위와 같은 가정의 기능을 사회주의 공유제 조직이 대체하면서 중국인의 가치관과 괴리된 것도 사회주의 공유제 체제가 가진 문제점 중 하나였다. 개체보다는 집단을 강조하는 사회주의 체제는 가정과 차별애를 강조하는 유가사상과는 근본적인 차이를 가지고 있었던 것이다.

이러한 한계에도 불구하고 사회주의 공동체 사회가 평등주의 사회를 이룩하였는지에 대해서도 적지 않은 반론이 존재하였다. 우선 도시와 농촌 사이의 불평등이 있다. 중국정부는 건국 초기 농촌인구가 과도하게 도시로 유입되면서 새로운 도시문제가 잉태하는 것을 미연에 방지하고자 '후커우(戶口)'제도를 도입하였다. 중국정부는 도시 후커우와 농촌 후커우를 구분하여 인구의 자유로운 이동을 제한하였다. 그러나 사회주의 사회에서 후커우는 단순한 인구이동의 자유제한 이상의 의미를 가졌다. 생산과 분배가 정부의 계획에 의거하여 집행되었던 사회주의 사회에서 후커우는 생산과 분배의 기준이 되었다. 후커우에 따라 생산의 부담이 정해졌으며 후커우에 따라 식량 · 교육 · 주거 · 양로 등의 각종 공공서비스가 분배되었다. 그러나 주지하였다시피 국가가 공공서비스를 책임지던 도시와 달리, 농촌에는 특별한 재정이 부여되지는 못했다. 따라서 도시와 농촌에 투입되는 자원에는 현격한 차이가 존재하였다. 사회주의 사회는 자본주의 사회에 존재하였던 계급을 타파하였다고 선전하였으나 출생지에 따라 부여되던 후커우는 사회주의 사회의 또 다른 신분이 되어 버렸다.

이 밖에도 동일한 단위나 인민공사에서도 간부나 노동자 사이에 월급, 업무환경, 보조금, 주택, 의료서비스, 퇴직금 등에서 차이가 존재하였으며 같은 직급이라고 하더라도 소속 단위에 따라 행정등급에 따라 차이가 존재하였다는 지적이 있다.

도농이원구조(城鄉二元結構)

중화인민공화국은 건국 이후 산업화를 추진하기 위한 자금을 농촌에서 마련하였다. 당시 중국은 농업이 GDP의 80%를 차지하는 농업국가였기 때문에 산업시설을 구축하기 위한 필요자금을 농촌에서 조달할 수밖에 없는 상황이었다. 이를 위해 인민공사를 건설하고 농촌의 생산과 분배를 통제하였을 뿐만 아니라 농작물의 가격을 인위적으로 낮게 책정하고 공업생상품의 가격을 높게 책정하여 더 많은 자금이 도시에서 산업발전에 사용될 수 있도록 조치하였다. 이처럼 중국 정부는 재정적·행정적으로 도시와 산업발전을 지원하였으며 그 결과 농촌과 도시의 발전 격차는 갈수록 벌어지게 되었다. 뿐만 아니라 후커우는 도시민과 농민의 자유로운 이동을 금지하였고 후커우를 통해 축적된 자금이 사회적으로 환원되었기 때문에 도시와 농촌의 발전불균형은 자연스럽게 도시민과 농민의 생활수준 차이로 이어졌다. 중국의 도시와 농촌의 불균형은 단순한 발전과 성장속도의 차이를 넘어서 중국의 제도적 모순이 사태를 더욱 심화시켰다. 이러한 도시와 농촌의 구조적 모순관계를 학계에서는 도농이원구조라고 부른다.

결과적으로 사회주의 공유제 개혁 이후 중국의 사회경제적 발전은 기대했던 만큼의 효과를 거두지 못했을 뿐만 아니라 중국인의 가치관과 충돌하였고 내부에 존재하는 불평등 문제를 완벽하게 해소하지도 못했다. 이러한 모순은 마오쩌둥 사후 개혁파가 개혁개방을 실행할 수밖에 없는 사회적 배경이 되었다.

3. 개혁개방 이후의 사회변화

마오쩌둥 사후 정권을 잡은 덩샤오핑은 급진적인 사회주의 개조가 결국 사회경제적 발전을 제한하는 한계가 되었다는 판단 하에 중국의 현실에 입각하여 적절한 정책을 실시할 것을 주장하는 실사구시(實事求是)를 표방하였다. 덩샤오핑은 과거 사회주의 정부에 대한 철저한 반성으로부터 개혁에 대한 인민들의 지지를 획득하고자 하였고 이에 따라 베이징에는 문화대혁명 시기를 반성하고 그 피해를 고발하는 대자보가 등장하는 등 개혁에 대한 사회적 분위기가 고조되기 시작했다.

〈1980년 대 베이징 시단(西單) 민주의 벽〉

이와 함께 중국공산당은 당의 사업목표를 계급투쟁에서 사회주의 현대화 건설로 전환하고 이를 위한 개혁과 개방을 시작하였다. 개혁은 급진적으로 추진되었던 사회공유제 체제를 사회경제적 상황에 맞게 수정하는 것을 주요 내용으로 하고 있으며 개방은 해외 기업의 투자와 기술유입, 그리고 해외 시장 개척을 통해 저발전 상태에 빠져 있던 중국의 경제상황을 타계하기 위한 대책으로 선택되었다.

1) 사회주의 공유제의 해체와 사회시스템의 분화

중국의 개혁은 사회주의 공유제 체제의 해체로부터 시작되었다. 중국 중앙정부는 농업생산량을 회복하기 위해 농민에게 토지 경영 자율권을 부여는 가정연산승포제(家庭連産承包制)를 실시하였다. 승포제는 집단이 경영하던 종래의 토지경영 제도를 개혁하여 농가가 촌 집단 경제조직과 계약을 맺고 경영권을 획득하게 되는 것을 말한다. 농가는 토지사용료를 세금의 형태로 납부하고 그 외에 초과로 발생하는 이익을 합법적으로 취득할 수 있게 되었다. 이를 통해 농민의 생산활동은 적극성을 발휘하게 되었다. 이로써 농촌사회의 기층단위였던 인민공사의 기능은 점차적으로 약화되기 시작하여 1984년 공식적으로 해체되었다.

〈농민의 승포권 계약〉

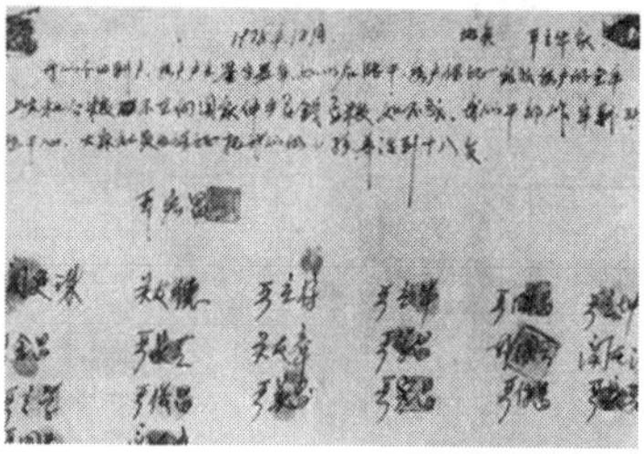

인민공사의 해체는 사회주의 공유제가 담당하고 있던 생산과 분배 기능이 다시 사회로 회귀되었다는 것을 의미한다. 농촌의 노동수요에 비해 지나치게 많이 적체되어 있었던 농촌 잉여인구가 인민공사의 해체를 계기로 비로소 제도적 굴레로부터 다소나마 자유를 얻을 수 있었다. 적지 않은 농민들이 농업 이외에도 향진기업에서 초보적인 수준의 산업 활동에 종사하거나 대외 개방을 통해 늘어난 일자리를 찾아 도시로 이동하기도 하였다. 그러나 사회 공공서비스가 후커우를 기초로 제공되는 사회시스템 자체가 완전하게 폐지된 것은 아니었기 때문에 이들은 도시에 거주하는 농민노동자(農民工)라는 다소 특수한 사회 지위를 얻게 되었다.

농민공(農民工)

농민공은 농촌호적을 가지고 있지만 도시에서 비농업분야에 근무하는 노동자를 일컫는다. 중국의 농민공은 약 2억 8천 만명에 다다르고 있는 것으로 알려져 있으며 해마다 늘어나고 있는 추세이다. 농민공은 도시 호적을 가지고 있지 않기 때문에 도시에서 제공하는 주택, 의료, 교육과 같은 사회서비스를 받을 수 없었다. 농민공은 사회적으로 열악한 위치에 처해 있으며 도시민이 기피하는 3D(Dirty, Difficult, Dangerous)업종에 종사한다. 노동을 하더라도 노동에 따른 적당한 대우를 받을 수 없었기 때문에 농민공은 개혁개방 시대 불평등의 상징같은 존재로 여겨지고 있다. 최근 후커우제도 개혁이 이어지면서 일부 지역에서는 농민공이 적합한 조건을 갖추었을 경우 도시호적을 취득하는 것을 가능하게 하고 있으며 호적을 바꾸지 못하더라도 주택취득과 의료, 교육과 같은 공공서비스를 누릴 수 있도록 조치하고 있기도 하다. 그러나 후커우 제도가 남아 있는 한 농민공이라는 낙인은 완전히 사라질 수 없을 것이다.

농촌에서의 개혁이 어느 정도 성과를 이루자 개혁의 방향은 도시로 향하게 되었다. 단위체제에서 국가와 사회는 완벽하게 통합되어 있었던 상황이었고 정부의 개혁 방안은 바로 국가와 사회를, 국가와 경제를 분리하는 것이었다. 당시 중국 단위는 지나치게 많은 노동자를 수용하고 있었으며 각종 사회보장비용을 부담함으로써 정작 생산력 발전이나 상품 개발 등 생산조직이 해야 하는 역할을 담당할 여력이 없었다. 따라서 개혁을 통해 생산과 사회공공서비스의 기능을 분리하여 단위가 본래의 생산조직으로서의 기능에 충실하게 임하도록 하였다.

기업의 소유와 경영을 분리하는 개혁이 이루어지면서 기업은 생산효율을 높이기 위해 과다하게 채용되어 있던 노동자를 해고하였고 본래 단위가 보장하던 각종 사회복지서비스를 축소하기 시작했다.

또한 정부가 더 이상 부실기업을 재정 보조하지 않게 되면서 국유기업 개혁이 본격화되었던 1990년대에는 대량의 실업자가 발생하기도 하였다.

사회주의 공유제가 보장하던 많은 혜택들이 사라지게 되자 공유제 조직이 제공하던 철밥통을 깨고 자의로 새로운 도전과 기회를 찾아 자신의 길을 개척하려는 사람들도 늘어나게 되었다. 이러한 현상을 중국에서는 "바다로 나온다"는 의미로 '시아하이(下海)'라고 부른다. 시아하이는 고도로 일원화되어 있었던 중국의 생산체제를 다원화함으로써 시장경쟁을 가속화시켰고 중국의 경제성장을 견인하는 사회기풍이 되기도 하였다.

2) 다원주의 사회의 도래

개혁개방 이후 중국사회는 다양한 계층과 이익집단으로 분화되었다. 공유제 해체로 분배제도가 개혁되면서 학력, 직업, 거주지역, 소득, 꽌시 등 개인이 보유한 정치·경제·사회·문화 자원에 따라 계층과 지위가 결정되었다. 중국 사회구성원이 각기 다른 이익기반을 토대로 사고하고 행동하는 다원화 사회가 도래한 것이다. 중국사회과학원은 2002년 『당대중국사회계층연구보고(當代中國社會階層研究報告)』을 편찬하여 조직자원, 경제자원, 문화자원의 소유여부에 따라 중국사회를 10개 계층으로 분류하였다. 조직자원은 행정조직 자원 및 정치자원, 국가 정권 조직과 당 조직 자원을 보유하고 있으며 사회자원을 동원할 수 있는 권력을, 경제자원은 생산수단의 소유권과 사용권, 경영권을, 문화(기술)자원은 증명서나 자격인증 등 사회가 인정한 기술이나 지식을 보유한 것을 일컫는다.

〈중국의 10대 계층 분화〉

등급	구성	특징	보유자원
上	국가사회 관리	당정기관, 사업단위 및 사회단체의 지도자급 간부	조직자원 보유
	경영자	민가자본 또는 고정자산을 소유	생산자원과 문화자원 보유
中上	관리자	국가기관이나 기업의 상급 및 하위 관리자 계층	생산수단 관리, 문화자원 보유, 경제자원 보유

	전문 기술자	전문직 및 과학기술 업무 담당 전문적인 기술훈련을 수료	문화자원 보유
中中	사무직	일상적인 행정업무를 담당 중저층 공무원, 기업의 비전문 직원	소량의 문화자원 및 조직자원
	자영업자 (개체공상호)	개인자산 보유, 소상공인 계층	소량의 경제자원
中下	상업, 서비스업 종사자	도시 상업 부분 종사자	극소량의 조직 및 문화, 경제 자원 보유
	제조업 근로자	현재 대다수의 농민공	극소량의 조직, 문화, 경제자원 보유
下	농업 근로자	농업, 임업, 목축업, 어업 종사자	극소량의 조직, 문화, 경제 자원을 소유
	무직자		자원 보유 없음

사회질서는 체제에 대한 '충성심'을 가진 사회구성원이 공동체의 규범과 의무를 준수할 때 유지된다. 현대사회의 개인은 국가와 민족, 가족과 또래집단, 직장과 동호회, 종교단체 등 다양한 집단에 소속되어 다중적인 역할을 담당하기 때문에 조직과 집단에 대한 충성심이 충돌하기도 한다. 따라서 국가나 사회에 대한 충성심이 하위 집단에 대한 충성심을 초월할 때 체제는 안정적으로 유지된다. 기능적으로 분화되고 분절된 하위 집합체로 구성된 체제에서 충성심은 여러 하위 집합체를 하나로 묶는 매개체와 같다(탈코트 파슨스, 1999: 27-28). 만

약 하위 집합체가 통일된 가치체계를 바탕으로 유기적으로 연결되어 있다면 분화와 분절 자체가 체제의 위기를 의미한다고 할 수는 없다. 만약 체제가 분화와 분절을 필요로 하는 가치체계에 의해 지지되고 있다면 분화와 분절은 사회구성원들에게 자연스럽게 수용될 것이며 체제에 대한 사회구성원의 충성심도 크게 위협받지는 않을 것이다.

발전과 성장의 과정에서 조직은 기능적으로 분화하고 사회구성원은 여러 계층으로 분절되기 마련이다. 사회구성원의 이해관계는 복잡하게 뒤엉키면서 갈등과 충돌이 발생할 가능성도 높아진다. 이러한 갈등과 충돌은 현대사회에서 불가피한 현상이다. 분화와 분절로 인한 사회 갈등과 계층 간 긴장이 체제 안에서 관리된다면 불안정 상태까지 악화되지는 않을 것이다. 반면 축적된 갈등과 모순이 제대로 관리되지 못한다면 체제안정은 위협받게 될 것이다.

이해관계가 다원화되면서 중국공산당의 정책이 일치된 대중적 지지를 획득하기는 앞으로 갈수록 어려워질 것이다. 시진핑 정부 출범 이후 집단 시위가 빠르게 증가해 2014년 1378건에서 2016년 2663건으로 2배 늘었다는 언론보도는 정책으로 수렴되지 못하는 다양한 사회구성원의 호소를 반영한다. 이러한 사회적 상황을 고려해볼 때, 사회변화를 적극적으로 수용한 민주체제로든, 이에 역행하는 강력한 독재체제로든, 중국 체제변화의 가능성을 생각해볼 수도 있다. 그러나 개혁개방이라는 일대전환 이후 중국의 개혁이 대체로 단계적이고 점진적인 변화를 지향해왔다는 점을 상기한다면 체제의 급진적인 전환은 현실적으로 가능성이 그다지 높지 않다. 시장경제체제로의 이행에 필적하는 거대한 전환이 가능하기 위해서는 이러한 변화를 불가피하게 만드는 사회 조건이 갖추어 져야 한다. 예를 들면, 중국사회의 다원화가 사회통합을 위협하거나, 중국정부의 정책이 다원화된 사회의 요구와 이반되거나, 사회구성원이 각자 소속된 계층이익에 귀속된 적극적 행위로 중국 공산정권을 저항하는 현상이 표면적으로 드러나야 한다. 혹시 극단적인 사회 불평등과 양극화에도 불구하고 사회분화가 체제위협으로 비화되지 않는다면 중국정부의 정책은 효과적으로 사회불안요소를 통제하고 억제하고 있다는 증거가 될 수도 있다.

2012년 18기 전국대표대회에서 중국공산당은 고속성장의 부작용과 중진국 함정을 극복하고 중국공산당 정권에 대한 대중의 지지를 확보하기 위한 대책으로 '소득배증(所得倍增) 계획'을 공식화한 바 있다. 소득배증 계획은 수출둔화와 중속성장이 예상되는 신창타이(新常態)시기에 내수경기를 활성화하여 중진국 함정을 극복하려는 경제대응책으로 알려져 있다. 소득배증 계획은 고속성장 시기 극단적으로 양극화된 사회 불만을 해소하기 위한 조치이다. 소득증가로 사회의 대다수가 경제성장의 혜택을 '공평하게 향유(共享)'하게 된다면 정부에 대한 호감과 만족도가 향상되어 체제의 안정에도 유리하게 작동할 것이다.

한편으로 중국정부는 노동자들의 근로소득을 보장하기 위해 「최저임금규정(最低工資規定)」을 제정하고 각 지역의 사정에 맞춰 최저임금제를 시행하도록 하고 있다. 모든 지역은 2년에 한 번씩 최저임금을 조정하도록 규정하여 경제상황과 물가인상에 맞추어 최저임금을 다시 제정한다. 이처럼 중국정부는 강제적인 규제를 통해 과거에 일부 계층에게 집중되었던 개혁개방의 성과를 노동자를 포함한 사회의 각 계층에게 확대하는 방안을 마련하고 있다.

중국공산당 정부는 개혁개방 이후 여러 가지 상황에 직면하여 자신의 역할과 기능을 변화시켜 왔다. 시장경제체제 전환 직후에 정부가 심판관이자 선수로 시장에 뛰어들었던 시절과 비교하면 현재 중국정부는 경제발전의 환경을 조성하고 이익분배를 조정하며 민생정책에 주력하는 심판관의 역할에 더욱 중점을 두고 있다. 불평등, 양극화로 대표되는 계층 갈등과 긴장을 체제 안에서 효과적으로 관리하기 위해서 심판관으로서 중국정부의 역할이 그 어느 때보다 중요해지고 있기 때문이다. 13.5규획은 경제사회발전의 성과를 모든 사회구성원이 공유한다는 공향(共享)발전을 5대 발전이념으로 제시하고 취업, 교육, 문화체육, 사회보장, 의료 등 공공서비스 체계를 정비하여 중국인의 생활수준을 향상시키고자 한다.

소득배증 계획에 성공하여 중국 사회구성원의 물질적 욕구가 만족되고 삶의 질이 개선된다면 중국정부는 체제에 우호적인 보수적인 중산층을 다수 확보하게 될 것이다. 따라서 사회불평등 문제를 해소할 수 있는가에 대한 문제는 향후 지속성장을 위한 대책임과 동시에 그 간 축적되었던 사회문제를 해결하여 체제의 안정과 사회구성원의 지지를 획득할 수 있는 유일한 방법이라고 할 수 있다.

4. 글로벌 시대의 중국사회

중국은 그동안 빠른 성장을 거듭하여 새로운 발전 단계에 진입하였다. 이제 선진국 발전 단계를 쫓아가던 추격자의 위치에서 시장을 주도하는 선도자가 되기 위한 노력을 경주하고 있다. 따라서 중국을 바라보는 시각도 중국의 발전과 변화에 발맞춰 새롭게 변화해야 한다. 21세기 강대국으로 부상하고 있는 중국의 발전전략은 그 내부에 축적된 사회역량에 의해 유인되는 것이다. 따라서 미래 중국의 발전을 예측하기 위해서는 중국사회 내부의 동력에 주목할 필요가 있다.

1) 새로운 사회 리더의 등장

경제 환경이 급속하게 변화하는 요즘 새로운 경제체제에 적응하여 비즈니스 모델을 만들고 혁신을 추진하는 스타트업 기업이 주목받고 있다. 스타트업 기업은 대부분 소규모 벤쳐기업으로 참신한 아이디어를 가지고 사업을 시작한 신생기업이라 자금 조달이 어려운 것으로 알려져 있다. 즉, 적은 자본금과 높은 위험성, 그리고 높은 잠재적 보상이 스타트업 기업의 특징이라고 할 수 있다. 그러나 일부 스타트업 기업은 새로운 기술을 성공적으로 사업 궤도에 안착시켜 단숨에 업계의 판도를 좌지우지 하는 거대기업이 되기도 한다. 이러한 기업을 유니콘 기업이라고 한다. 전설에 등장하는 동물인 유니콘에 비유되는 유니콘 기업은 상장하기도 전에 기업가치가 1조원에 도달하여 상상 속에서나 가능한 일을 달성했다는 의미로 사용된다. 미국 경제전문지 포춘은 해마다 유니콘기업 리스트를 발표한다. 2016년 포춘이 발표한 세계 유니콘 기업 리스트 174개 중 중국 기업은 35개이다. 중국기업 중 선두를 차지한 기업은 샤오미로 자산가치 460억 달러로 전체 순위 2위를 차지하다. 그 뒤를 이어 차량호출 서비스인 디디추싱(滴滴出行)이 자산가치 160억 달러로 전체 순위 5위를 차지하였으며, 소셜커머스 메이투안다중디엔핑왕(美團大衆點評網)은 자산가치 150억 달러로 전체 7위를 차지하였다.

〈 중국 유니콘 기업 35사〉

	기업명	기업가치 억달러	CEO	본사	업종	설립연도
1	샤오미 小米	460	레이쥔	베이징	통신기기 및 소프트웨어	2010
2	디디추싱 滴滴出行	160	청웨이	베이징	콜택시앱	2012
3	메이퇀다중뎬핑왕 美团大众点评网	150	왕싱	베이징	소셜커머스	2003
4	루지엔수오 陆金所	100	Gregory Gibb	상하이	금융서비스	2011
5	DJI 大疆	80	왕타오	선전	드론(무인기)	2006
6	중안바오시엔 众安保险	80	천진	홍콩	보험	2013
7	선저우좐처 神州专车	36	루정야오	베이징	콜택시 및 렌터카	2007
8	메이주 魅族	33	바이융샹	주하이	스마트폰 생산	2003
9	어러머 饿了么 ele.me	30	장쉬하오	상하이	음식배달앱	2008
10	소우거우 搜狗 Sogou	30	왕샤오촨	베이징	검색엔진	2004
11	VANCL 凡客诚品	30	천녠	베이징	전자상거래	2007
12	메이투 美图	24	유신홍	샤먼	사진꾸미기앱	2008
13	허지구오지지퇀 赫基国际集团	20	쉬위	홍콩	전자상거래	1999
14	모구지에 蘑菇街	17	천치	항저우	전자상거래	2011
15	이다오용처 易到用车	17	저우항	베이징	콜택시 및 카쉐어링	2010
16	라카라 拉卡拉	16	쑨타오란	베이징	금융서비스	2005
17	웨이퍄오얼 微票儿	16	린닝	베이징	모바일 티켓 예약	2014
18	과하오왕 挂号网	15	랴오제위안	항저우	모바일 의료 서비스	2010
19	커우다이거우우 口袋购物	15	왕커	베이징	전자상거래	2010
20	58따오지아 58到家	10	천샤오화	베이징	전자상거래	2014
21	아이우지우 爱屋吉屋	10	리융진	상하이	부동산 거래	2014
22	Apus지퇀 Apus集团	10	리타오	베이징	모바일 소프트웨어	2014
23	베이베이 贝贝	10	장량룬	항저우	전자상거래	2014
24	신얼푸 信而富	10	왕정위	상하이	인터넷 신용대출	2001
25	판리왕 返利网	10	거융창	상하이	전자상거래	2006
26	주시엔왕 酒仙网	10	하오훙펑	베이징	온라인 주류판매	2009
27	라마방 辣妈帮	10	진짠	베이징	엄마들의 SNS	2013
28	미야 蜜芽	10	류난	베이징	유아용품 판매	2011
29	먀오파이 秒拍	10	한쿤	베이징	동영상	2013
30	판스 盘石	10	톈닝	항저우	인터넷 광고	2003
31	룽360 融360	10	예다칭	베이징	신용대출	2011
32	상하이롄상왕루오 上海连尚网络	10	천다녠	상하이	소프트웨어	2012
33	투지아 途家	10	뤄쥔	베이징	숙박공유 서비스	2011
34	마이치지아오위 麦奇教育	10	양정다	상하이	온라인 교육	2004
35	워마이왕 我买网	10	자오핑위안	베이징	온라인 식품판매	2008

*출처: Platum(http://platum.kr/archives/54967)

2015년 중국에서는 360만개의 기업이 새로 태어났다. 중국의 실리콘밸리'로 불리는 베이징의 중관춘(中關村)에서만 하루 평균 49개의 스타트업이 만들어졌으며 35개의 유니콘 기업 중 베이징에 본사를 둔 기업이 20개나 된다. 2015년 중국 벤처 캐피털의 투자 액수는 2009년 27억 달러에서 155억 7000만 달러로 5배가 넘게 늘었다. 2016년 초 중국의 한 신문사가 대학생들을 상대로 한 설문조사에서는 응답자의 40%가 창업을 위해 학업을 중단할 용의가 있다고 대답했을 정도로 중국의 창업 열기는 뜨겁다.

중국 스타트업의 대부 리카이푸(李開復) 창신공장(創新工場) 회장은 한 인터뷰에서 중국의 스타트업 상황에 대해서 다음과 같이 설명한 바 있다. 중국의 교육은 독창적인 천재보다는 다수의 우수한 인재를 양성하는데 초점이 맞추어져 있기 때문에 스티븐 잡스와 같은 독특한 인물이 나오기는 어려운 상황이지만 그렇다고 중국에서 혁신이 불가능하다는 의미는 아니라고 지적하였다. 중국의 잡스가 한 명도 나오지 않더라도 2~3년 안에 중국에서 유니콘 기업이 미국만큼 많이 나올 것이라고 전망하면서 잡스나 테슬라 회장처럼 상상하지 못했던 새로운 것을 만드는 것만이 혁신이 아니라 시장에서 의미 있는 변화를 가져오는 것이 혁신이라고 한다면 중국은 미국에 뒤쳐질 이유가 없다는 것이 그의 주장이었다.

과거 짝퉁 모조품을 만들던 중국 제조업에 혁신의 바람이 불고 있다. 이러한 중국의 변화는 개방이 사회의 심층까지 확대된 효과로 볼 수 있다. 이제 중국은 기회와 도전, 그리고 혁신의 장소로 각광을 받고 있다. 이를 대변하듯 기회를 찾아 다른 나라를 향해 떠났던 많은 인재들이 이제 새로운 도전을 위해 중국으로 돌아와 이러한 바람을 주도하고 있다.

중국에서는 이들을 하이구이(海歸)라고 부른다. 본래 하이구이란 바다를 뜻하는 해(海)와 거북이를 뜻하는 구(龜)가 함께 쓰여 바다거북이를 일컫는다. 거북이를 뜻하는 구(龜)의 발음이 돌아오다라는 뜻의 귀(歸)와 비슷하여 현재 중국에서 하이구이는 해외에서 공부하고 중국으로 돌아온 해외유학파를 지칭하는 경우가 더 많다.

중국의 경제성장에 있어 하이구이는 매우 중요한 역할을 하였다. 개혁개방을 선언하고 다른 나라와 경쟁을 해야 하는 상황에서 중국은 경제활동에 대한 정보나 지식, 경험이 턱없이 부족한 상태였다. 따라서 해외에서 유학하거나 재직하면서 선진국의 문화와 경제관습을 습득한 인재는 중국의 부족한 점을 메워줄 수 있는 귀중한 존재였다. 그리하여 중국정부는 여러 가지 우대정책을 마련하여 하이구이를 유치하였다. 하지만 90년대 중반까지 만해도 상당수의 중국 유학생들은 귀국보다는 현지에서 진로를 개척하였는데 그 이유는 자신의 전문성을 발휘할 일자리가 중국에는 많지 않다는 판단 때문이다. 그러나 현재는 해외유학생의 70~80%가 중국으로 귀국하는 것을 선택한다. 다른 선진국보다 중국에 도전의 기회가 더 많다는 판단 때문이다.

중국 최대 검색엔진 바이두(百度)를 창업한 리옌훙(李彦宏) 회장 역시 하이구이이다. 리옌훙은 베이징대 정보경영학과를 졸업한 후 뉴욕주립대 버펄로캠퍼스에서 컴퓨터공학으로 석사학위를 획득하고 다우존스에서 금융정보 검색 엔진을 만들어 미국에서 특허를 받기도 하였다. 미국에서 승승장구를 하던 리옌훙 회장은 중국에 맞는 검색엔진이 필요하다고 판단하여 1999년 중국에 돌아와 바이두를 창업하였다. 샤오미의 공동창업자 중 한명인 린빈(林斌)도 하이구이이다. 린빈은 미국 드렉셀대에서 컴퓨터공학 석사 학위를 받은 뒤 마이크로소프트(MS)와 구글의 기술부문 간부직을 역임한 후 중국으로 돌아와 2010년 샤오미를 창업하였다.

창업자뿐 아니라 기업의 최고경영자(CEO)나 최고기술책임자(CTO) 등 주요 직책도 하이구이가 차지하는 비중이 높아지고 있다. 화웨이의 리싼치(李三琦)는 중국의 해외유학 1세대이다. 리싼치는 1980년대 캐나다 워털루대학에서 석·박사 과정을 마친 후 미국과 중국을 오가며 사업을 하다 2009년 화웨이에 합류해 CTO를 맡고 있다.

현재 중국에서는 벤처창업과 기업의 글로벌화를 하이구이가 이끌고 있다고 해도 과언이 아니다. 하이구이의 전문성과 탁월한 국제적 감각, 그리고 중국을 이해하는 객관적 시각은 중국의 또 하나의 경쟁력이 되고 있다. 현재 중국은 하이구이를 유치하기 위해 각종 지원정책을 마련하고 높은 인센티브를 부여할 뿐만 아니라 폭넓은 의사결정권을 보장하고 있다. 우수한 인재에게 전문성을 발휘될 수 있는 기회를 제공하고 실력 있는 경영자가 기업을 이끌어가게 되면서 중국의 경쟁력은 해를 거듭하면서 더욱 강해지고 있는 상황이다.

2) 정보통신 기술의 성장과 사이버 네트워크 공간의 확산

거리를 가득 메운 자전거는 중국의 도시 모습을 상징하는 대표적인 이미지 중 하나이다. 최근 이러한 자전거에 엄청난 변화가 일어나게 되었다. 바로 개인이 자전거를 보유하는 것이 아닌 여러 사람이 함께 공유하는 바람이 불기 시작한 것이다. 물론 과거에도 자전거를 대여하는 상점은 있었다. 이러한 가게에는 보증금을 받고 자전거를 대여해준 후 시간에 따라 금액을 환산하여 대금을 치루도록 하였다. 그러나 최근 중국 도시 곳곳에는 자전거만 놓여 있을 뿐 그것을 관리하는 사람은 보이지 않는다. 스마트폰을 이용해 자전거에 부착되어 있는 QR코드를 스캔한 후 알리페이나 위챗페이로 보증금을 입금하고 나면 자전거의 열쇠가 열린다. 자전거를 사용한 후 QR코드를 다시 스캔하면 사용한 시간만큼 비용이 삭감되고 자전거는 다시 잠긴다. 이러한 공유경제는 중국에서 가장 성장하고 있는 사업모델 중 하나이다. 자전거 대여업체인 오포(ofo)는 2016년 샤오미, 징웨이(經緯) 등으로부터 1억 3천만 달러, 한화로 약 1,447억 원의 투자를 유치해 앞으로 커다란 성장이 예상되고 있다.

〈중국의 자전거 공유 경제〉

스마트폰과 모바일 네트워크를 활용한 자전거 대여는 중국이 추진하고 있는 인터넷 플러스의 가장 전형적인 예라고 할 수 있다. 최근 중국에서 핫이슈로 떠오른 인터넷 플러스는 모바일 인터넷과 클라우드 컴퓨팅, 빅데이터, 사물 인터넷을 전통산업과 융합시켜 산업구조전환과 업그레이드를 도모하는 전략이다. 이 계획은 중국 인터넷 기업이 강조한 '인터넷의 전통산업에 대한 개조'라는 발상을 토대로 발전해왔다.

2015년 3월 양회에서 리커창 총리가 인터넷 플러스를 언급한 이래 인터넷 플러스는 산업 전 영역에 광범위하게 영향을 미치고 있다. 인터넷 금융, 온라인 교육, 스마트 설비 등 신종 업종이 등장하여 호황을 이루게 되었으며 전통제조업과 신흥산업까지 인터넷과 융합이 이루어지면서 정부의 지원정책과 함께 창업이 활발하게 이루어지고 있다.

인터넷 플러스로 성공한 가장 대표적인 사례는 차량호출 서비스인 디디추싱의 약진이다. 디디추싱은 우버 중국법인을 인수하여 시장점유율 93%, 기업가치가 한화로 34조원에 달하는 거대기업이 되었다. 이처럼 중국에서는 전통사업과 모바일 인터넷을 결합한 창의적인 아이디어가 쏟아져 나와 관련 사업이 호황을 이루고 있으며 인수와 합병, 투자와 혁신이 유연하게 결합되면서 경쟁력을 확보해나가고 있다.

이러한 정책을 성공적으로 유지해나가기 위해서는 물론 인프라를 확충해나가는 것도 필요하다. 이러한 인프라 확충은 중국의 BDS 시스템 구축으로 설명할 수 있을 것이다. 중국의 독자적인 위성 항법시스템인 BDS, 베이도우 시스템은 2020년까지 구축될 계획이다. 중국은 인터넷과 모바일 등 민간경제 영역뿐 아니라 군사작전 등에서도 필수적인 위성항법 서비스를 구축하기 위해 천문학적인 자금을 투입하고 있다. 전 세계의 위치추적이 가능하기 위해서는 총 35개의 항법위성이 필요하고 이제 완성단계에 있다.

중국은 항법위성발사와 함께 베이도우 시스템에 응용 및 적용할 기술개발을 위한 산업혁신체계 구축에도 힘을 쏟고 있다. 베이도우 시스템과 기타 위성 항법 시스템을 동시에 수용하는 마이크로칩, 모듈, 안테나 등의 기초상품 개발뿐만 아니라 베이도우 시스템과 결합할 수 있는 인터넷 플러스, 빅데이터, 클라우드 컴퓨팅 등 상업화, 실용화 기술의 융합발전을 추진하고 있는 것이다.

미국의 GPS 시스템 보다 20여 년 이상 늦게 위성항법 시스템에 뛰어들었으나 본격적으로 사업을 시작한 이래 괄목할 만한 기술 수준으로 성장하여 베이더우 시스템의 정밀도는 이미 5m 수준에 이르렀으며 고정밀도 강화 시스템이 구축되면 정밀도가 비약적으로 높아져 10cm 이하가 될 것이라고 전망되고 있다. 기술상용화에도 가시적인 성과가 드러나고 있는 중이다. 휴대전화나 웨어러블 기기 등 BDS 칩이 장착된 기기는 2400만 대에 이르며 2016년 중국 국내에서 출시된 스마트폰 3대 중 1대에 BDS 칩이 장착되었다고 밝힌 바 있다. 상업화를 위한 민간 기업과의 협력도 강화하여 중국정부는 2015년 알리바바 그룹과 손을 잡고 첸쉰(千尋) 위치 인터넷을 설립하였다. 특히 중국은 일대일로에 연변국가들에게 우선적으로 베이도우 시스템에 기반한 서비스를 제공할 것이라고 밝혀 BDS가 글로벌 네트워크로 영향력을 확대할 가능성은 높아져 가고 있는 중이다.

〈BDS 시스템 조감도〉

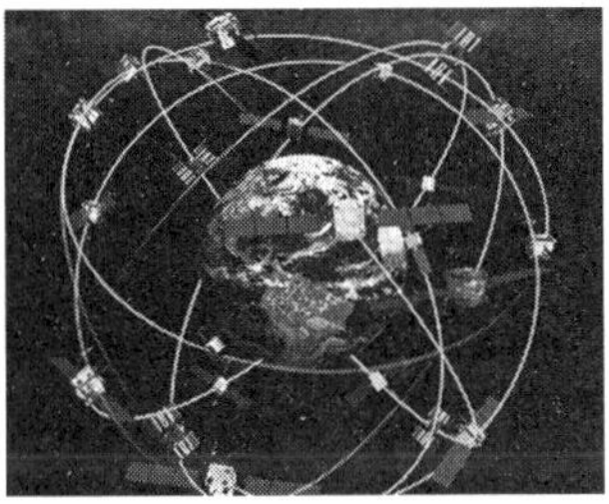

비단 인프라 구축 뿐만 아니라 콘텐츠에 있어서도 중국의 사이버 네트워크는 문화산업의 보고라고 할 수 있다. 대표적인 예로 중국의 왕홍의 부상과 인터넷 웹소설의 유행을 들 수 있다.

왕홍은 왕뤄훙런(網絡紅人)의 줄인 말로 네트워크를 뜻하는 왕뤄(網絡)와 인기인을 뜻하는 훙런(紅人)이 결합하여 인터넷에서 화제가 된 사람이나 성공한 사람, 우리말로는 인터넷 스타를 일컫는다. 처음에 왕홍은 독특한 외모나 언행으로 화제가 된 일반인을 의미하였지만 최근에 왕홍은 SNS 상에서 인기를 획득하여 엄청난 팬층을 형성하는 등 스타급 반열에 오르는 사람을 일컫는다. 최근 왕홍 양성 회사나 매니지먼트를 담당하는 회사까지 등장할 정도로 중국사회에 높은 영향을 발휘하고 있다. 스트리밍을 이용한 개인방송 송출이 가능해지고 모바일을 이용한 방송시청이 수시로 가능해지면서 90년 이후 출생한 젊은 세대들, 90호우 사이에서 왕홍이 크게 인기를 얻고 있다.

왕홍의 출현과 영향력은 네트워크의 발전과 모바일을 이용한 방송 수신의 편의성이 크게 향상되는 등 네트워크 기술의 발전이 배경이 되었다. 이외에도 현재 젊은이들의 일상생활 양식과도 밀접한 관련이 있는데 과거 인터넷 채팅은 일종의 커뮤니케이션으로 친교를 목적으로 네트워크를 활용한 반면 개인 스트리밍 서비스나 SNS를 활용하는 최근의 왕홍은 독립적이고 개인적인 성향이 강한 90호우의 성향에 더 적합하다고 한다. 외동아이인 90호우는 불특정 다수와의 커뮤니케이션보다는 개인 스트리밍 서비스나 SNS를 통해 개인적 일상과 자아를 관찰하는 방식을 선호한다는 분석이다.

80호우, 90호우

통상 세대는 10년을 주기로 구분된다. 중국에서 80호우란 한 가정, 한 자녀 정책을 강력하게 추진한 80년대 이후 출생한 세대를 가리킨다. 이들은 사회주의를 경험하지 않은 세대이며 중국이 시장경쟁체제로 전환된 이후 출생하여 성장하였기 때문에 소비성향이 강하고 집단주의보다는 개인주의를 선호하는 것으로 특징지어진다. 게다가 가정의 관심을 독차지 하며 자랐기 때문에 중국 내부에서는 이기적이고 유약한 성품을 가지고 있다고 비판당하기도 하였다.

90호우는 90년부터 2000년 대에 이르는 사회변화를 반영하는 세대이다. 90호우 세대는 중국의 경제발전이 가시적인 성과를 드러내고 인터넷, 모바일 등 첨단 IT 경제가 정착한 사회에서 성장하였다. 따라서 이들은 80호우 세대보다 더욱 자유분방한 사고방식을 가지고 있으며 IT제품을 사용하는데 능숙하고 미래에 대한 강한 자신감을 가지고 있는 것으로 특징지어지고 있다. 현재 가상공간에서 활발한 활동을 보이고 있는 것도 이 세대이다. 개인주의가 한층 더 강화되면서 90호우 세대의 자아정체성 상실과 정신건강 등이 중국 내에서는 사회문제로 부각되고 있기도 하다.

왕홍은 손이 닿지 않은 저 높은 곳에 있는 스타가 아니라 자신과 비슷한 배경을 가진 일반인이라는 것도 커다란 인기요인이다. 왕홍은 네트워크를 통해 동일한 관심사에 대해 쉽게 의견을 주고받을 수 있기에 왕홍이 추천하는 화장법이나 패션, 음식, 영화는 훨씬 친숙하게 여겨지고는 한다. 왕홍이 가진 이러한 호소력은 결과적으로 현실적인 경제이익으로 이어져 왕홍경제라는 말이 중국에서 유행할 정도이다. 인터넷 쇼핑몰에서는 왕홍이 운영, 추천, 광고한 상품들이 높은 판매율을 기록하고는 한다. 다양한 분야에서 인기를 획득하고 수백만의 팬을 거느리는 왕홍의 등장은 전통미디어가 제공해주지 못했던 중국 젊은이들의 니즈가 뉴미디어를 통해 충족되고 있는 중국 대중문화의 새로운 변화를 보여주고 있다.

양방향 네트워크의 발전은 중국 웹소설의 발전으로도 이어졌다. 중국에서는 웹 소설이 문화콘텐츠의 새로운 보고로 인식되고 있다. 모바일 네트워크의 인프라가 확충되면서 중국에서는 웹소설과 웹소설의 독자가 비약적으로 늘어나고 있다. 웹소설 시장이 주목을 받으면서 대형 인터넷 기업들도 잇따라 시장에 뛰어들었다. 텐센트가 셩다원쉐(盛大文學)와 손잡고 중국 웹소설 서비스 업체인 '위에원그룹(閱文集團)'을 출범시킨데 이어, 한달 뒤인 4월에는 알리바바가 자체 웹소설 서비스를 공개하였다. 바이두 역시 자체적인 웹소설 플랫폼을 통해 18만여 개의 작품을 서비스하고 있다.

중국 웹소설 독자의 약 80%가 20~30대로 과거 TV와 PC의 영향으로 책에서 점점 멀어졌던 젊은 층들이 스마트폰을 통해 다시 문학을 소비하기 시작하면서 시장의 고속 성장세를 견인하고 있다. 20~30대를 중심으로 성장하고 있는 웹 소설은 영화, 드라마, 게임, 캐릭터 시장으로 파생되며 다양한 경제효과를 가져오고 있다. 따라서 인기 있는 웹 소설의 지적재산권, 즉 IP를 확보하여 웹 소설을 기반으로 한 영화, 드라마, 게임 제작을 희망하는 중국 엔터테인먼트 업체들의 경쟁도 갈수록 치열해지고 있다. 웹 소설을 다른 매체의 문화상품으로

리메이크 하는 것을 중국어로는 IP개작(改編)이라고 한다. 인기 있는 웹 소설을 원작으로 하면 절대 실패하지 않는다는 이유로 인기 웹소설 IP를 선점하기 위한 업체들의 경쟁은 갈수록 치열해지고 있는 중이다.

웹 소설이 중국 문화콘텐츠의 보고가 된 것은 본래 문화상품의 소비자에 머물고 있던 대중이 가상공간에서 자유롭게 자신의 작품을 발표하면서 소비자이면서 동시에 생산자인 프로슈머(prosumer)로 등장하였기 때문이다. 소비자의 취향에 대한 잘 알고 있는 계층이 직접 문화상품의 소스를 제공하니 다른 소비자들의 기호를 만족시키기 유리한 것도 최근 웹소설의 영향력이 커지는 이유 중에 하나이다.

이처럼 글로벌 사회에서 중국사회의 개방성은 단순하게 산업 경제 영역에 그치지 않고 새로운 영역으로 지속적으로 확장되고 있다. 이러한 개방성은 사이버 공간이라는 새로운 영토를 개척하기도 하고 소비자의 일상을 파고들어 새로운 비즈니스 모델을 창출해내기도 한다. 이것이 중국사회의 새로운 변화에 대해 우리가 더 많이 관심을 가지고 지켜봐야 하는 이유이다.

중국사회는 사회주의 시대, 개혁개방 시대를 거쳐 글로벌 시대로 진입하면서 급격한 변화를 경험하였다. 이러한 변화는 중국인의 삶의 방식을 바꾸었고 점진적으로는 사고방식과 가치관도 바꾸었다. 사회는 인간이 살아가는 공간으로 환경에 적응하고 새로운 혁신을 잉태하면서 진화하는 속성을 가지고 있다. 지난 역사를 돌아보았을 때도 중국사회는 국내외적 정치·경제적 역학관계를 수용하면서 부단한 전진을 거듭해왔다. 현재 중국사회는 변화를 피동적으로 수용하는 것뿐만 아니라 오히려 새로운 변화가 발생하는 진원지의 역할도 담당하게 되었다.

그럼에도 불구하고 중국은 강력한 당-국가 체제로 중국공산당이 사회전반에 미치는 영향이 여전히 지대하다. 이러한 강력한 국가체제와 글로벌 체제라는 확장된 개방성이 공존하는 시대에 중국사회가 어떠한 방향으로 진화해나갈지는 앞으로도 관심 있게 지켜봐야 할 논제이다.

부록

〈중국의 주요경제 지표 추이〉

(단위: 십억 달러, 달러)

항목	1978	1980	1990	1995	2000	2005	2010	2015
GDP	147.3 (10)	188.2 (11)	354.6 (11)	728.0 (8)	1,198.5 (6)	2,243.9 (4)	5,930.5 (2)	10,866.9 (2)
1인당 GDP	225 (175)	313 (-)	341 (178)	601 (-)	946 (141)	1,715 (128)	4,382 (94)	8,280 (73)
무역액	21 (29)	38 (25)	115 (11)	281 (8)	474 (8)	1,422 (3)	2,973 (2)	3,957 (1)
수출	9.8 (28)	18.1 (28)	62.1 (14)	148.8 (12)	249.2 (7)	762.0 (3)	1,578 (1)	2,275 (1)
수입	10.9 (27)	20.0 (22)	53.3 (14)	132.1 (12)	225.1 (7)	660.0 (3)	1,395 (2)	1,682 (2)
FDI유입액	-	-	34.9	375.2	407.2	603.3	1,057.3	1,262.7
외환보유액	0.17 (40)	-1.3 (37)	11.1 (7)	73.6 (2)	165.6 (2)	819 (2)	2,847 (1)	3,330 (1)

주: ( ) 안은 세계 순위를 말함.

자료: 中華人民共和國國家統計局(2016), 中國統計摘要-2016, 中國統計出版社.

〈중국의 산업 및 공업구조 변화〉

(단위: %)

연도	GDP 구성 변화			
	1차 산업	2차 산업	(공업)	3차 산업
1978	28.2	47.9	44.1	23.9
1980	30.2	48.2	43.9	21.6
1985	28.4	42.9	38.3	28.7
1990	27.1	41.3	36.7	31.6
1995	19.9	47.2	41.0	32.9
2000	15.1	45.9	40.4	39.0

2005	12.1	47.4	41.8	40.5
2008	10.7	47.4	41.5	41.8
2010	10.2	46.9	40.0	43.0
2013	10.0	43.9	37.0	46.1
2015	9.0	40.5	33.8	50.5

자료: 中華人民共和國國家統計局(2016), 中國統計摘要-2016, 中國統計出版社.

〈중국의 주요 공산품 생산량과 중국의 순위〉

품목	단위	1978년		2000년		2007년		2015년	
		생산량	순위	생산량	순위	생산량	순위	생산량	순위
원유	만톤	10,405	8	16,300	5	18,632	5	21,456	4
발전량	억KWH	2,566	7	13,566	2	32,816	2	58,106	1
조강	만톤	3,178	5	12,850	1	48,929	1	80,383	1
석탄	억톤	6.18	3	12.99	1	25.26	1	36.50	1
시멘트	억톤	0.65	4	5.97	1	13.61	1	23.59	1
화학비료	만톤	869	3	3,186	1	5,825	1	7,432	1
면직포	억M	110	1	277	2	675	1	893	1
컬러TV	만대	0.4	8	3,936	1	8,478	1	14,476	1
자동차	만대	14.9	-	207	8	889	3	2,450	1

자료: 中華人民共和國國家統計局(2016), 中國統計摘要-2016, 中國統計出版社.

〈중국 GDP의 지역별 분포 변화〉

(단위: %)

	1952	1978	1980	1985	1990	1995	2000	2005	2010	2015
전체	100.0	100.0	100.0	100.0	100.0	100.0	100.0	100.0	100.0	100.0
동부	51.6	52.5	52.2	52.8	54.9	58.4	60.4	61.7	57.2	55.4
중부	31.3	29.1	29.6	29.1	28.6	26.1	24.4	23.4	24.1	24.5
서부	17.1	18.4	18.2	18.1	16.5	15.5	15.2	14.9	18.7	20.1

자료: 中華人民共和國國家統計局(2016), 中國統計摘要-2016, 中國統計出版社.

〈중국의 소득격차 변화〉

		1978	1985	1990	1995	2000	2005	2010	2015
소득 격차 (위안)	上海市 1인당 GDP(A)	2,485	3,811	5,911	17,779	30,047	51,474	76,074	103,141
	貴州省 1인당 GDP(B)	175	420	810	1,853	2,662	5,052	13,119	29,847
	A/B(배)	14.2	9.1	7.3	9.6	11.3	10.2	5.8	3.5
도농 격차 (위안)	도시가처분 소득(A)	343	739	1,510	4,283	6,280	10,493	19,109	31,790
	농민순수입(B)	134	398	686	1,577	2,253	3,255	5,919	10,772
	A/B(배)	2.57	1.86	2.20	2.71	2.79	3.22	3.23	2.95

자료: 中華人民共和國國家統計局(2016), 中國統計摘要-2016, 中國統計出版社.

〈중국의 인구 현황〉

	1978	1980	1990	1995	2000	2005	2010	2015
인구 (A, 만 명)	96,259	98,705	114,333	121,121	126,743	130,756	133,972	137,462
자연인구 증가율(%)	1.200	1.187	1.439	1.055	0.758	0.589	0.479	0.496
65세 이상 인구비중(%)	-	4.9*	5.6	6.7	7.1	7.7	8.9	10.5
취업자 수 (B, 만 명)	40,152	42,361	64,749	68,065	72,085	74,647	76,105	77,451
(B/A, %)	41.7	42.9	56.6	56.2	56.9	57.1	56.8	56.3
직공 평균 임금(위안)	615	762	2,140	5,348	9,333	18,200	36,539	62,029

주: *는 1982년 기준 통계임.
자료: 中華人民共和國國家統計局(2016), 中國統計摘要-2016, 中國統計出版社.

〈중국의 실업률 현황〉

구분 \ 연도	1990	1995	2000	2004	2008	2010	2013	2015
실업자수(만 명)	383.2	519.6	595.0	827.0	886.0	908.0	926.0	966.0
실업률(%)	2.5	2.9	3.1	4.2	4.2	4.1	4.1	4.1

자료: 中華人民共和國國家統計局(2016), 中國統計摘要-2016, 中國統計出版社.

참고문헌

곽복선 외(2014). 중국경제론. 박영사.

구기보·홍기석(2017). 중국경제론(제2판). 삼영사.

김난도(2013). 트렌드차이나. 오우아.

김동하(2012). 현대 중국경제와 통상제도. 부산외국어대학교 출판부.

김상욱(2011). 중국지역경제개론. 신아사.

김성옥 외(2013). 중국통상론. 도서출판 두남.

김승일 역(2012). 덩샤오핑의 남방순화 담화실록. 범우.

김영춘(2017). 중국통상환경론. 도서출판 두남.

김용선(2013). 중국경제와 통상. 남서울대학교 출판국.

김용준(2016). CHINA MARKETING(제4판). 박영사.

김종득 외(2015). 최신 중국무역환경론. 도서출판 두남.

나까가네 키츠지 저, 강희정·강경구 역(2016). 경제발전론과 현대중국. 무역경영사.

니시에슝 저, 신경환 역(2010). 중국의 국제정치. 두남.

도지영 역(2017). CEO 시진핑. 시그마북스.

모리 가즈코 저, 이용빈 역(2013). 현대 중국정치 : 글로벌 강대국의 초상 (3판). 한울.

박대훈(2016). 현대중국의 이해. 한양대학교 출판부.

박동수(2016). 중국경제. 도서출판 두남.

박월라 역(2013). 새로운 황제들: 마오쩌둥과 덩샤오핑의 중국. 다섯수레.

박한제·김형종·김병준·이근명·이준갑(2013), 아틀라스 중국사. 사계절.

백완승 역(1989). 중국정치와 대중노선 (1921-1985). 논장.

샤오궈량·수이푸민 저, 이종찬 역(2015). 현대중국경제. 도서출판 해남.

서봉교(2017). 중국경제와 금융의 이해. 도서출판 오래.

서진영(2008). 21세기 중국정치. 폴리테이아.

서진영(2012). 중국혁명사 (7판). 한울.

심규호 역(2017). 마오쩌둥 평전. 민음사

심규호, 유소영 역(2014). 덩샤오핑 평전. 민음사.
아서 크뢰버 저, 도지영 역(2017). 127가지 질문으로 알아보는 중국경제. 시그마북스.
연광석 역(2012). 모택동 시대와 포스트 모택동 시대 (상,하). 한울아카데미.
오일만(2016). 시진핑의 신장정. 나남.
유홍준(2005). 현대 중국 사회와 문화. 그린.
윤성환(2016). 중국경제론. 도서출판 서울기획.
이상빈(2012). 현대 중국의 정치경제. 청목출판사.
이지용 (2013). 2013 중국 전국 '양회' 결과분석과 시사점. 주요국제문제분석. 국립외교원.
이지용(2014). 중국 일대일로 전략의 정치경제적 함의와 시사점. 주요국제문제분석. 국립외교원.
이지용(2015). 중국 신실크로드 전략의 정치경제적 함의. 외교. 113: 39-50.
이창호(2017). 시진핑 리더십. 벗나래.
잉싱(2017). 중국사회. 사회평론아카데미
장병옥 외(2012). 중국학개론. 계명대학교 출판부.
정동근(2007). 후진타오와 화해사회. 동아시아.
조영남(2006). 후진타오 시대의 중국정치. 나남.
조영남(2016). 개혁과 개방. 민음사.
케리 브라운저, 김흥규 역(2014). 현대중국의 이해. 명인문화사.
탈콧트 파슨스 저, 윤원근 역(1999). 현대 사회들의 체계. 새물결.
페이샤오퉁(2011). 중국 사회문화의 원형. 비봉출판사
형선호 역(2002). 장쩌민. 한국경제신문.

Brown, Kerry(2014). Carnival China: China in the Era of Hu Jintao and Xi Jinping. Imperial College Press.

Fairbank, John King and Goldman, Merle(2006). *China: A New History*. Belknap Press; 2nd Revised & enlarged edition.

Hsiung, James ed.(2015). The Xi Jinping Era: His Comprehensive Strategy Toward The China Dream. CN Times Books.

Joseph, William A. ed.(2014). *Politics in China: An Introduction*, 2nd edition. Oxford University Press.

Lam Willy Wo-Lap(2006). Chinese Politics in the Hu Jintao Era. M.E. Sharpe.

Lampton, David(2014). Following the Leader: Ruling China, from Deng Xiaoping to Xi Jinping. University of California Press, Berkeley.

Lieberthal, Kenneth(2003). *Governing China: From Revolution Through Reform*, 2nd Edition. W. W. Norton & Company.

Meisner Maurice(1996). The Deng Xiaoping Era: An Inquiry into the Fate of Chinese Socialism, 1978-1994(1st ed.). Hill & Wang.

Meisner Maurice(1999). Mao's China and After: A History of the People's Republic, (3rd ed.). Free Press.

Pempel, T.J. ed.(2013). *The Economy-Security Nexus in Northeast Asia*. Routledge.

Saich, Tony(2004). Governance and Politics of China(2nd. ed.). Palgrave Macmillan.

Saich, Tony(2010). *Governance and Politics of China*, 3rd edition. Palgrave.

Shambaugh, David. ed.(2013). *Tangled Titans*. Rowman & Littlefield Publishing.

Spence, Jonathan D.(1998). *The Search for Modern China*. W. W. Norton & Company.

Tian Hung-Mao, Chu Yun-Han(2000). China Under Jiang Zemin. Lynne Rienner Pub.

龔剛(2016). 當代中國經濟. 高等教育出版社.

梁國勇(2017). 中國經濟2040. 中國人民大學出版社.

陸學藝(2002). 当代中國社會階層研究報告. 社會科學文獻出版社.

李培林·李强·馬戎主編(2008). 社會學与中國社會. 社會科學文獻出版社.

馬方方·王少國·張錦冬(2016). 中國經濟概論. 首都經濟貿易大學出版社.

應星 主編(2015). 中國社會. 中國人民大學出版社.

黃泰岩(2017). 中國經濟熱点前沿. 經濟科學出版社.

외교부. www.mofa.go.kr/trade/wto.

산업통상자원부. www.motie.go.kr/motie/py/ce/wto/wto.jsp

조수성(趙壽星)
계명대학교 중국학전공 교수
주요연구 : 중국 사영기업주의 정치참여 특징 (2015), 論社區的多樣化與中國的社區建設(2014), 중국사영기업주의 출현메커니즘과 성장간의 관계(2013) 등

이지용(李志鎔)
계명대학교 중국학전공 교수
주요연구: Looking over the horizon: North Korean-Chinese Relations (Whither North Korea? 2018), Unified Korea's policy under various scenarios of the US-Sino relationship(공저, International Area Studies Reviews, 2017), 일대일로'와 중국의 21세기 세계전략 형성.(국제문제연구, 2015), 중국의 국가정체성 진화와 동아시아 해양안보환경 변화 (국제관계연구, 2014) 등

윤성환(尹盛煥)
계명대학교 중국학전공 교수
주요 연구 : 재중 한국기업의 사회적 책임활동과 기업광고가 중국 소비자들의 한국제품 평가에 미치는 영향(통상정보연구, 2017), 중국 TV홈쇼핑 이용자들의 구매의도에 미치는 영향요인에 관한 연구(한중사회과학연구, 2017), 재중 한국기업 현지 근로자들의 조직공정성 지각이 상사신뢰, 조직몰입 및 이직의도에 미치는 영향(중국연구, 2017) 등

유정원(劉釘沅)
계명대학교 중국학전공 교수
주요연구 : 중국 소득배증 계획의 사회적 함의(한중사회과학연구. 2017), 중국 에너지 담론의 변화(중국과 중국학, 2017), 중국 스마트그리드 사업의 전개와 특징(한중사회과학연구, 2016), 중국 호적제도개혁에 관한 비판적 검토(인문논총, 2014), 중국 신형도시화 건설과 중앙정부의 역할에 관한 연구(한중사회과학연구 2014) 등

중국학 입문

초판 1쇄 발행 _ 2018년 2월 28일
2판 1쇄 발행 _ 2019년 12월 23일

저　　자 • 조수성 · 이지용 · 윤성환 · 유정원
발 행 인 • 정 현 걸
발　　행 • 신 아 사
인　　쇄 • 토탈프로세스
출판등록 • 1956년 1월 5일 (제9-52호)
주　　소 • 서울시 은평구 통일로 59길 4(2층)
전　　화 • 02)382-6411 · 팩스 02)382-6401
홈페이지 • www.shinasa.co.kr
E-MAIL • shinasa@daum.net

ISBN 978-89-8396-259-1(93340)

정가 14,000 원